Helmut Hoping, Magnus Striet und Stefan Orth (Hg.)

Gott, Freund der Freiheit. Ein Streitgespräch

Helmut Hoping, Magnus Striet und Stefan Orth (Hg.)

Gott, Freund der Freiheit. Ein Streitgespräch

HERDER

FREIBURG · BASEL · WIEN

HERDER Edition
KORRESPONDENZ

MIX
Papier | Fördert gute Waldnutzung
FSC® C014496

www.herder.de

Satz: Carsten Klein
Herstellung: GGP Media GmbH, Pößneck

Printed in Germany

ISBN Print: 978-3-451-27463-3
ISBN E-Book: 978-3-451-82958-1
ISBN E-Book (PDF): 978-3-451-82941-3

Inhalt

Vorwort

Die Polarisierungen im deutschen Katholizismus wie in der deutschsprachigen Theologie haben in den vergangenen Jahren stetig zugenommen. Sie hatten sich schon während der Amtszeit von Johannes Paul II. aufgebaut und mit dem Pontifikat von Benedikt XVI. verschärft. Wie in einem Brennglas sind sie derzeit bei den Diskussionen des Synodalen Wegs der katholischen Kirche in Deutschland zu beobachten.

Zu den Antipoden in den Debatten gehören zwei Theologen, die sich auch offensiv in die Diskussionen einmischen: auf der einen Seite der Fundamentaltheologe Magnus Striet, den manche am konservativen Ende des Spektrums zum Vordenker der Reformkräfte stilisiert haben, auf der anderen Seite der nicht minder streitbare und auch publikationsfreudige Dogmatiker Helmut Hoping.

Während der eine seine Theologie ausgehend vom Begriff menschlicher Autonomie entwickelt, setzt der andere durchaus auch auf den Begriff der Freiheit. Sie kommen aber angefangen von den Kernfragen theologischen Denkens über das Verhältnis zwischen kirchlichem Lehramt und der Theologie und angesichts der aktuellen Forderungen katholischer Kirchenreform bis hin zu den ethischen Streitpunkten zu ganz anderen Schlüssen. Beide setzen auf Gott als einen Freund der Freiheit. Die Frage ist nur eben: Was heißt das genau?

Der Vorteil der beiden: Sie sind zwar in manchen theologischen, vielen ethischen und so gut wie allen kirchenpolitischen Fragen jeweils anderer Meinung, aber eben immer wieder auch miteinander im Gespräch, in der theologischen Auseinandersetzung und im argumentativen Ringen. Gegenseitiger Respekt, Wertschätzung und Solidarität, ein gemeinsames Engagement für gute Theologie verbindet sie.

Was läge da näher, als mit beiden ein Streitgespräch zu veranstalten, um von den zentralen theologischen Fragen bis zu den Konsequenzen für die aktuellen Themen angesichts der Krise des Katholizismus die heiklen Punkte direkt anzugehen?

Wir haben deshalb in der zweiten Hälfte des Jahres 2022 entsprechende Streitgespräche geführt, die wir jetzt in diesem Band vorlegen. Das erste Kapitel ist bereits im Themenheft der Herder Korrespondenz »Gott. Mehr als eine Frage« erschienen (Herder Korrespondenz Spezial, Nr. 2/2022). Gegenstand des Streitgesprächs ist auch das Bändchen »Für eine Kirche der Freiheit. Den Synodalen Weg konsequent weitergehen« von Magnus Striet, das im Herbst 2022 veröffentlicht wurde.

Der Durchgang durch die Themen angefangen von Gott, dem Offenbarungsbegriff sowie der Theodizeefrage und der Rolle Jesu, über die Möglichkeiten der Weiterentwicklung der katholischen Lehre bis hinein in die brennenden anthropologischen, ethischen, ämtertheologischen und anderen kirchenpolitischen Fragen der Gegenwart wird gerade im Kontrast der Positionen zu einer Art Einführung in die katholische Theologie heute. Dabei gibt es hier und da auch überraschende Übereinstimmungen.

Während in den kirchlichen und theologischen Debatten der vergangenen Monate und Jahre manches Mal aneinander vorbeigeredet wurde, theologische Argumente gar nicht ernsthaft wahrgenommen und geprüft wurden, sondern oft genug einfach nur Überzeugung gegen Überzeugung stand, ist das hier anders. Was wäre wichtiger, als dass man sich tatsächlich auf den anderen einlässt, um Polarisierung und Populismus zu überwinden, die von den gesellschaftlichen und medialen Debatten auch in die Diskussionen in den Kirchen und der Theologie hineinschwappen?

Beiden Gesprächspartnern danke ich für die hohe Streitkultur, das Eingehen auf die Argumente des anderen und das beharrliche Werben für die eigene Position. Ich danke ihnen besonders dafür, dass sie sich auf dieses Experiment eingelassen haben, und ich bin mir sicher, dass es nicht nur die Diskussionen befruchten und durchaus auch weitere Debatten auslösen wird – sondern am Ende zu mehr Klarheit verhilft. Die Leserinnen und Leser werden das selbst entscheiden. Möge sich das bessere Argument jeweils durchsetzen.

Freiburg, Mitte November 2022
Stefan Orth

Erstes Kapitel: Gott

Stefan Orth: *Die Theologie dreht sich, wie der Name schon sagt, maßgeblich um Gott. Um den Gotteszweifel und die Gottesbestreitung ist es nach der Welle des Neuen Atheismus vor gut einem Jahrzehnt ruhiger geworden. Gilt das auch für die Gottesfrage heute?*

Helmut Hoping: Der Neue Atheismus von Richard Dawkins und anderen wurde meiner Einschätzung nach überschätzt. Zwar wächst bei vielen die Skepsis gegenüber einem personalen Gott, der in souveräner Freiheit Schöpfer des Himmels und der Erde ist und der sich in der Geschichte der Menschen offenbart hat. Unter den Intellektuellen und Wissenschaftlern aber gibt es heute nicht mehr viele erklärte Atheisten.

Die Gottesfrage angesichts des Neuen Atheismus

Es gab immerhin einige Aufregung um den sogenannten Neuen Atheismus …

Magnus Striet: Der empirische Befund ist extrem schwierig. Der Neue Atheismus hat tatsächlich vor zehn, zwanzig Jahren eine enorme Rolle gespielt. Ich bezweifele allerdings, dass es damals tatsächlich um die Gottesfrage ging. Ging es nicht vielmehr darum, die institutionalisierten Religionsakteure, zumal in der Gestalt der Kirchen, in ihrem öffentlichen Einfluss zurückzudrängen? Ich vermute eher dies. Gleichzeitig kann überhaupt keine Rede davon sein, dass Religion aus dem öffentlichen Raum verschwinden würde. Mit größter Selbstverständlichkeit redet man von Gott. Ich verweise nur auf die weltweit zu beobachtenden religiösen Erweckungsszenen. Gleichzeitig ist andernorts zu beobachten, dass die Skepsis wächst – trotz aller Sehnsucht des Menschen, es möge ein Gott existieren. Dies ist vor allem in der Gegenwartskultur zu sehen. Die Gott produzierende Sehnsuchtsstruktur des Menschen ist allgegenwärtig. Die Nervosität, dass dieser Gott auch nicht existieren könnte, ist ebenfalls omnipräsent.

Was bedeutet das für die Theologie, zu deren zentralen Themen es gehört, Gott zu denken?

Hoping: Entscheidend ist, dass es sich bei Gott um einen möglichen Wahrheitskandidaten handelt, weil unser Denken und Fragen, wird es nicht dezisionistisch abgebrochen, unweigerlich zur Idee eines Absoluten oder schlechthin Unbedingten führt, woran auch Immanuel Kant festhielt.

Ein abschließender Gedanke eines Absoluten: Das klingt nach einer logisch stringenten Herleitung. Braucht es heute neue Gottesbeweise, Herr Hoping?

Hoping: Nein, Gottes Existenz lässt sich nicht beweisen. Nach dem Ende der Gottesbeweise bleibt aber zu zeigen, warum der Glaube an Gott rational verantwortbar ist. Mit dem nordamerikanischen Philosophen Thomas Nagel – der selbst kein Gottgläubiger ist – kann man sagen: Der Glaube an Gott ist rational verantwortbar, weil das materialistische neodarwinistische Konzept der Natur angesichts des Scheiterns eines psychophysischen Reduktionismus des Geistes auf Gehirnfunktionen so gut wie sicher falsch ist.

Striet: Das möchte ich unterstreichen. Die philosophische Reflexion ist zumindest bis zum möglichen, möglicherweise existierenden Gott voranzutreiben. Weil aber, wie Helmut Hoping sagt, die Gottesbeweise am Ende sind, hat man in der Theologie ein Problem: Denn dies hat zur Konsequenz, dass es keine sich unmittelbar auf Offenbarung beziehende Theologie mehr geben kann. Wenn von geschichtlicher Offenbarung die Rede ist, dann werden geschichtliche Ereignisse als Offenbarung Gottes interpretiert. Hier wird konstruiert, es gehen menschliche Erwartungshorizonte in das ein, was nun Offenbarung genannt wird. Mehr, als zu hoffen, dass das vom Menschen als Offenbarung Gottes Geglaubte tatsächlich die Offenbarung Gottes ist, bleibt dem Menschen nicht übrig.

Hoping: Aus der Nichtbeweisbarkeit Gottes folgt keineswegs der von Magnus Striet vertretene offenbarungstheologische Konstruktivismus. Es ist zwar richtig, dass ein von Ewigkeit her existierender Gott, der sich geschichtlich offenbart hat, philosophisch gesehen eine nur mögliche

Wahrheit ist. Theologisch aber gehören Offenbarung und Glaube, als Form ihrer Überlieferung, untrennbar zusammen. Man kann nicht hypothetisch glauben. Mit dem Glauben ist eine Gewissheit verbunden, die mit dem Begriff einer konstruierten Offenbarung unterlaufen wird.

Das naturwissenschaftliche Weltbild als Herausforderung für den Gottesglauben

Für die Entwicklung, dass die Beschäftigung mit der Gottesfrage im Schwinden begriffen ist, dürfte das naturwissenschaftliche Weltbild, das viele Menschen heute prägt, mit verantwortlich sein. Offensichtlich steht bei der Beschäftigung mit der Natur nicht das Staunen, sondern die Diskussion über physikalische Kausalitäten im Vordergrund – und ein Verständnis für den christlichen Gottesglauben schwindet …

Hoping: In der Tat dominiert vielfach ein szientistisches Weltbild. Man meint, mit den modernen Naturwissenschaften ließe sich alles erklären, was es in der Welt gibt, auch Werke schöpferischer Produktivität. Doch es gibt sehr starke philosophische Argumente dafür, dass es schon aus methodischen Gründen niemals gelingen wird, unser bewusstes Leben und die darin eröffnete Perspektive des »Innen« als bloßes Epiphänomen neuronaler Prozesse zu dekonstruieren. Hier scheitert ein Physikalismus, für den alles, was existiert, physischer Natur ist.

Ich kenne auch keinen überzeugenden Versuch, etwa die Musik Bachs, Beethovens oder Mahlers rein neurophysiologisch zu erklären.

Striet: Ich stimme in einem Punkt zu. Ein monokausaler, rein naturwissenschaftlich operierender Naturalismus wird bestimmte Phänomene nie erklären können. Der Mensch weiß um sich selbst – und: Er unterstellt sich und anderen, sich zu sich selbst verhalten zu können. Ethische Verantwortung wäre andernfalls nicht denkbar. Auch andere Phänomene, wie eine Freundschaft oder gar Liebe pflegen zu können, würden dann als fiktiv entlarvt gelten müssen. Die Debatten werden schon seit Längerem geführt, mit dem meines Erachtens zwingenden Ergebnis: Das Spezifische des Menschseins, sein Um-sich-selbst-Wissen und sein Frei-Sein, lassen sich nicht naturwissenschaftlich erklären, auch wenn deren Möglichkeit an biologische Voraussetzungen geknüpft ist. Die Frage lautet nun aber, welches religionsphilosophische Kapital daraus geschlagen werden kann. Nur weil der Mensch so existiert, wie er existiert – er nach sich selbst fragt und sein soziales Leben regulieren muss –, prägt er Kultur aus. Und auch die Frage nach dem Grund von allem hat in dieser spezifischen Existenzweise ihren Ursprung. Folgt daraus mehr, als dass der Mensch sich eine Frage ist, auf die er selbst keine abschließende Antwort zu geben vermag?

Wie der Gottesbegriff entsteht

Kultur ist ein weiter Begriff. Wo genau beginnt Religion?

Striet: Die bis in die Gegenwart hinein zu beobachtende Beharrlichkeit von religiösen Praktiken hat entscheidend damit zu tun, dass der Mensch ein haderndes Wesen ist. In dem geschichtlichen Moment, als der Mensch auftauchte, prägte er Kulturtechniken zur Daseinsbewältigung aus. Seither gibt es soziale Regeln, Normensysteme – aber auch religiöse Ausdeutungssysteme von Menschsein und entsprechende Praktiken. Ist er – aber da sind wir bereits in der Gegenwart – möglicherweise nur eine Laune der Natur? Wenn die Toten Hosen dies singen, skandieren immerhin Tausende von Menschen dies mit.

Und die Frage nach Gott?

Striet: Auch die Gottesfrage hat in diesem abgründigen Selbstzweifel, ob der Mensch nicht doch nur ein Zufallsprodukt der Natur sein könnte, einen ihrer Ursprünge. Das lässt sich selbst auf die Bibel hin zeigen, der es aber zunächst einmal um die diesseitigen sozialen Verhältnisse geht. Es lassen sich hier Reflexionsschübe beobachten. Gerade unterprivilegierte Menschen wollen mehr Gerechtigkeit, also tritt der Gott Israels entschieden für diese ein. Weil der Mensch mit dem Tod hadert, bringt er schließlich einen Gott ins Spiel, der diesem sein allmächtiges Nein entgegenhält. Man kann diese Prozesse kulturwissenschaftlich rekonstruieren, ohne auf die Linie eines Naturalismus einzuschwenken.

Hoping: Theologisch aber muss die von Magnus Striet eingenommene kulturanthropologische Position überschritten werden. Natürlich ist es richtig, dass Religion nach allem, was wir wissen, mit unserem Verhältnis zum Tod zu tun hat. Würde man dabei aber stehen bleiben, wäre Religion nicht mehr als eine Form der Kontingenzbewältigung. Darauf kann man sie aber offenbarungstheologisch nicht reduzieren. Die Aufgabe der Theologie ist es, Gott im Raum einer geschichtlich ergangenen und überlieferten Offenbarung zu denken. Und da kommt, wie gesagt, der Glaube ins Spiel. Irgendwann muss man den Sprung in den Glauben vollziehen. Glaubensperformativ ist es unmöglich, Theologie auf der Grundlage eines nur möglichen Gottes zu betreiben.

Striet: Selbstverständlich springt der, der Theologe oder Theologin sein will. Nur: in welchen Glauben? In welchen Offenbarungsglauben hinein? Die Geschichte ist hier, vorsichtig gesagt, divers. Ich springe, und zwar zu dem Gott hin, von dem Duns Scotus sagte, »vult alios habere condiligentes«. Das meint: Gott wollte nicht bei sich bleiben, sondern ein Gegenüber haben, dem er sich liebend zuwenden könnte. Ob das so ist, weiß ich nicht. Ich habe meinen Kant gelesen und halte dessen Kritik der Gottesbeweise bis heute für einschlägig. Aber ich vertraue. Und deshalb bleibe ich Theologe und bin kein rein beobachtender Kulturwissenschaftler.

Warum naturwissenschaftliche Erkenntnisse nicht gegen die Existenz Gottes sprechen

Sind die Erkenntnisse der Naturwissenschaften aus den vergangenen Jahrhunderten nicht doch eine größere Herausforderung, als dass man einfach auf andere menschliche Phänomene verweisen dürfte, Herr Striet?

Striet: Bezogen auf die modernen Naturwissenschaften gilt natürlich, dass sie den Glauben an den auf den Menschen konzentrierten Gott zutiefst erschüttert haben. Wenn man sich allein die neueren kosmologischen Theorien anschaut: Höchstwahrscheinlich ist unser Universum 13,8 Milliarden Jahre alt – eine unvorstellbare Zahl. Welche Bedeutung kommt dem Menschen in diesem Universum zu? In dieser den Menschen aus seinem antrainierten Gottesverhältnis entsichernden Situation fällt dem christlichen Glauben seine Anthropozentrik auf die Füße. Inkarnation bedeutet: Einzig und allein der Mensch interessiert. Zumindest so lange, wie die Inkarnation bezogen wird auf den sündig gewordenen Menschen. Diese Vorstellung beinhaltet angesichts der Entdeckungen im Universum eine gewisse Unwahrscheinlichkeit, die ich durchaus nachvollziehen kann. Der Glaube riskiert sich, um es fast schon paradox zu sagen, in die Unwahrscheinlichkeit hinein.

Was wäre die Alternative?

Striet: Der Philosoph Hans Blumenberg hat einmal formuliert, dass die Welt auch aus Versehen existieren könnte. Dann wäre der Mensch eben das, was er ist: eine Leidenschaft, aber am Ende eben eine Leidenschaft, die in das ewige Vergessensein eingeht. Wenn kein menschensensibler Gott existiert, dann ist das des Menschen Schicksal. Als philosophisch denkender Theologe kann ich dies nicht ausschließen.

Hoping: Tatsächlich geht der Entstehung des Lebens und der Hominisation ein unvorstellbar langer kosmischer Prozess voraus. Allerdings würde ich die Big-Bang-Theory, die Quantenphysik und die Evolutionstheorie nicht so interpretieren, als seien sie geeignet, den Glauben zu widerlegen. Die modernen Naturwissenschaften kennen zwar aus methodischen Gründen kein Prinzip der Teleologie, sondern nur natürliche Kausalitäten. Das heißt aber nicht, dass alles aus Zufall und Notwendigkeit hervorgegangen ist. Der Physiker und Nobelpreisträger Werner Heisenberg meinte: Der erste Schluck aus dem Becher der Naturwissenschaft macht atheistisch, aber auf dem Grunde des Bechers wartet Gott! Jedenfalls lassen die Naturwissenschaften Raum für den Glauben an Gott.

Striet: Aber allein schon die Möglichkeit, dass in einem anderen Universum intelligentes Leben existieren könnte, dem der möglicherweise freie Gott sich auch zuwenden könnte, erschüttert doch die Grundfesten der klassischen christlichen Dogmatik. Oder aber es gibt irgendwo im All eine andere Dogmatik: keine, die mit einer Erzählung von einem Sündenfall einsetzt … Wenn ich Gott als unbedingte Liebe begreife, wie dies auf einer bestimmten offenbarungstheologischen Ausdeutungslinie des Lebens und des Todes Jesu geschieht, schließt dies ein, dass er sich auch anderem freien Leben zuwenden wird, wenn es jenseits dieses Planeten existieren sollte. Die Sündenfallerzählung kann dann aber nur noch, wie dies ja auch in der Phase der klassischen deutschen Philosophie seit dem 18. Jahrhundert geschah, als eine Geschichte genommen werden, in der es um das Erwachen des Bewusstseins der Freiheit geht. Der Mensch weiß in dem Moment in einer reflexiven Weise um sich, und er beginnt jetzt Kultur auszubilden. Sollten solche Prozesse von Leben auch in einem anderen abgelegenen Winkel des Weltalls existieren und auch dort – im Sinne Friedrich Nietzsches – kluge Tiere zu erkennen beginnen, dürfte es nur sehr schwerfallen, ein Argument dagegen zu gewinnen, dass der freie Gott sich diesen zuwenden sollte. Sich solchen selbstverständlich spekulativ bleibenden Fragen hypothetisch zu stellen, kann vielleicht auch helfen, eigene historisch bedingte theologische Denkgewohnheiten zu überprüfen.

Hoping: Überlegungen zu weiteren Universen bleiben spekulativ, da die uns mögliche Physik ihre Grenzen in den nach Max Planck benannten Planck-Einheiten minimaler Länge und Zeit hat. Was darüber hinaus – etwa bei Stephen Hawking mit Blick auf Paralleluniversen – geschrieben wird, wird niemals entschieden werden können, weil unsere Physik diese Grenzen hat, wenn Raum und Zeit gegen null gehen. Alles andere ist naturwissenschaftliche Spekulation, die die Wahrscheinlichkeit des Universums erhöhen soll. Dass man über Paralleluniversen nachdenkt, hat schließlich auch zur Folge, dass angesichts mehrerer gleich großer Universen sich die statistische Wahrscheinlichkeit erhöht, dass es auch andernorts eine Evolution des Lebens gibt und es zu einem bewussten Leben kommt: bis hin zu einem Menschen, der über sich selbst nachdenken kann und einen Weltbezug entwickelt. Aber das sind Modelle, mit der uns bekannten Physik kommen wir da nicht hin. Jenseits von Raum und Zeit, die mit der Entstehung unseres Universums ihren Anfang nahmen, beginnen die kosmologischen Spekulationen von Multiversen, mit denen die Wahrscheinlichkeit unseres Universums erhöht werden soll, in dem Leben bis hin zu menschlichem Leben entstand – sowie auch die Wahrscheinlichkeit, dass es auch andernorts eine Evolution des Lebens gegeben habe, die zu Formen eines bewussten Lebens geführt hat. Ich beschränke mich darauf, im Rahmen des bestehenden Universums zu denken und nicht Possibilientheologie zu betreiben. Entstehung und Ausbreitung unseres Universums sowie die Entwicklung des Lebens auf dem blauen Planeten zu immer höherer Komplexität sprechen nicht gegen die Existenz eines freien Schöpfergottes, in dem der ganze Entwicklungsprozess bis zum homo sapiens sapiens und seiner Freiheit gründet. Der Philosoph und Theologe Philip Clayton hat ein Buch über das Phänomen der Freiheit geschrieben, in dem er aufweist, wie sich Spontaneität schon vor der Hominisation bei höheren Säugetieren zeigt, so dass das Aufbrechen von Freiheit im Evolutionsprozess gleichsam vorbereitet war. Ich kann jedenfalls nicht erkennen, dass Erkenntnisse der modernen Naturwissenschaften gegen die Existenz Gottes sprechen oder diese gar ausschließen. Weil aber Menschen Personen sind, ist es durchaus nicht unwahrscheinlich, dass der Grund des Universums wie unserer Existenz nicht relationslos ist, sondern Personalität besitzt.

Striet: Ich habe auch nicht gesagt, dass das Gegenteil plausibler ist, sondern ich wollte auf die Möglichkeit aufmerksam machen, dass der freie Schöpfergott nicht existieren könnte.

Hoping: Aber noch einmal: Man kann an den Gott der Offenbarung nicht nur hypothetisch glauben. Wer an ihn glaubt, ist von seiner Existenz existenziell überzeugt – bei allen Zweifeln, die im Glauben gelegentlich aufsteigen.

Striet: Methodisch konsequent bleibende Naturwissenschaftler und Naturwissenschaftlerinnen werden überhaupt keine Äußerungen dazu machen, ob Gott existiert oder nicht. Wenn Prozesse teleologisch gelesen oder Zweckmäßigkeiten in der Natur beobachtet werden, sind wir es, die so interpretieren. Die Natur selbst verfolgt keine Teleologie. Das Christentum, unabhängig von seiner spezifischen konfessionellen Ausprägung, gerät angesichts des seit geraumer Zeit immens angewachsenen naturwissenschaftlichen und kosmologischen Wissens allerdings fast schon zwangsläufig unter Druck. Denn das ist ja die spezifische Behauptung, die keine andere Religion kennt: Gott selbst wendet sich durch seine Menschwerdung dem Menschen zu. Es verwundert nicht, dass es längst auch theologische Versuche gibt, hier neu zu deuten. Ich halte aber daran fest, wissend darum, dass hier eine Entscheidung gefällt wird.

Gott der ganz Andere?

Herr Striet, Sie machen das Beziehungsgeschehen zwischen Gott und Mensch stark. Liegt nicht von den Weiten des Weltalls ausgehend die Rede von Gott als dem ganz Anderen näher?

Striet: Ich halte wenig von der Rede, Gott sei der ganz Andere. Selbstverständlich wird Gott für den Menschen immer auch ein bleibendes Geheimnis sein. Aber was soll ich mit einem Gott anfangen, der der ganz Andere ist? Abgesehen davon gibt es riesige Probleme, diese Rede mit dem Inkarnationsgedanken zu verbinden. Nochmals: Man muss nicht glauben, dass Gott selbst Mensch geworden ist. Aber es wäre ganz schön, wenn er uns angesprochen hätte wie Freunde, wie es in der Offenbarungskonstitution des Zweiten Vatikanischen Konzils Dei Verbum heißt.

Hoping: Innerhalb der metaphysischen Ontologie war es notwendig, Gott, da er keine innerweltliche Entität darstellt, als non aliud, ja als ganz Anderen, zu denken, wäre er doch sonst nicht unendlich. Inkarnationstheologisch ist es aber in der Tat problematisch – hier stimme ich Magnus Striet zu –, von Gott als dem ganz Anderen zu sprechen und sich etwa damit zu begnügen, negative Theologie zu betreiben. Es ist ein Indiz für schlechte Theologie, wenn Gottesgelehrte vorschnell für eine reductio in mysterium plädieren – also bevor man in der Theologie alle denkerischen Mittel, Gott zu denken, ausgeschöpft hat. Die Theologie muss zeigen – und hier liegt der Wert analytischer Theologie, deren Reichweite man freilich nicht überschätzen sollte –, dass es sich bei Glaubensaussagen nicht um logisch widersprüchliche oder sinnwidrige Aussagen handelt, unbeschadet der bleibend gültigen Erklärung des Vierten Laterankonzils im Jahr 1215, wonach bei aller Analogie zwischen Schöpfer und Geschöpf eine je größere Unähnlichkeit besteht.

Striet: Klar. Das hat nie jemand bestritten. Doch nach der Aufklärung dürfen die Autonomiediskurse theologisch nicht mehr ignoriert werden. Und über Autonomie muss dann auch moraltheologisch geredet werden. Autonomie hat ja auch nichts damit zu tun, autark zu sein oder nur die eigenen Interessen sehen zu wollen. Nochmals: Natürlich bleibt Gott immer auch ein Geheimnis für den Menschen. Sollte die Welt einen unbedingten Anfang haben, wie es die Aussage von einer Schöpfung aus dem Nichts unterstellt, so bleiben Probleme. Wir können kein Nichts denken, ohne es bereits wieder als ein Etwas zu denken. Allerdings können wir auch keinen Begriff von einer anfanglosen Ewigkeit bilden. Diese Probleme beschäftigen den Versuch einer spekulativen Durchdringung des Glaubens an den menschgewordenen Gott seit antiken Zeiten – und bis heute. Unabhängig davon aber, zu welchem

Denksystem man neigt – auch ein Thomas von Aquin schwankte hin und her zwischen dem Modell einer Schöpfung aus dem Nichts und dem einer ewigen Welt –, sollte der Ur-Impuls biblischen Gottdenkens nicht vergessen werden, ein Impuls der bis in die Gegenwart hinein bei denen zu beobachten ist, die den Blick nicht abwenden von den Abgründen der Geschichte und dem Elend, das das Naturgeschehen mit sich bringt: Dieser Impuls führt schlicht dahin, zu sagen, ich will, dass ein freier Gott sei, der rettet und noch Gerechtigkeit schafft. Dieser Glaube hofft dann aber nicht auf den ganz Anderen, sondern auf einen bestimmten Gott. Und wenn ich die Inkarnation ernst nehme und sage: Gott selbst ist Mensch geworden, um sich als Liebe zu erweisen, kann ich nicht gleichzeitig eine radikale negative Theologie vertreten.

Zweites Kapitel: Gott und der Mensch, dem er sich offenbart

Herr Striet, Sie plädieren wie in vielen Ihrer Publikationen für die zentrale Rolle der autonomen Freiheit des Menschen als Ausgang theologischer Reflexion. Wäre Gott – als der jeweils Größere – nicht der geeignetere Startpunkt für einen Theologen?

Striet: Schon aus theologischen Gründen darf das Autonomieprinzip, das den Kern modernen Freiheitsdenkens ausmacht, nicht länger ignoriert werden. Wenn Gott eine Beziehung zum Menschen und dessen freie Anerkennung will, darf er sich nicht außerhalb des moralischen Universums bewegen, in dem wir uns bewegen. Deshalb stellt das Autonomieprinzip auch die theologischen Debatten so scharf. Das Theodizeeproblem bricht da mit Härte auf, weil man der Frage von Johann Baptist Metz nicht mehr entweichen kann: »Wo bleibt Gott?« Das sich in dieser Frage artikulierende Vermissen Gottes hat ja seinen Grund darin, dass Gott an unseren moralischen Maßstäben bemessen wird. Wie gesagt: Autonomie hat nichts damit zu tun, autark sein oder nur die eigenen Interessen sehen zu wollen.

Gott und die Autonomie des Menschen

Hoping: Der Begriff der Autonomie ist unter säkularen Voraussetzungen tatsächlich schillernd und zumeist nicht mehr wie bei Kant mit einem Imperativ verbunden. Autonomie meint heute in der Regel selbstbestimmtes Handeln im Rahmen der staatlichen Gesetze. Anders als Magnus Striet gehe ich von der realen Freiheit zum Guten und Bösen aus, von der Schelling in seiner Freiheitsschrift spricht: also von der Freiheit, in der wir uns alle als Menschen vorfinden. Reale Freiheit ist zwar formal unbedingt, aber sie ist nicht selbstursprünglich. Wie mein Leibkörper mir gegeben ist, wird mir Freiheit ermöglicht. Aus dem schöpferischen Prozess, welcher der Evolution des Lebens zugrunde liegt, ging der Mensch mit seiner leibkörperlichen Existenz und seiner Freiheit hervor.

Das ist eine dezidiert theologische Perspektive. Inwieweit ist sie philosophisch anschlussfähig?

Hoping: Das ist richtig: Ich betreibe Theologie und keine Philosophie, obwohl ich auch Philosophie studiert habe. Die Theologie braucht die philosophische Reflexion, um gute Theologie zu sein. Aber wenn ich als Theologe argumentiere, erfolgt dies ausgehend von einer geschichtlich ergangenen Offenbarung und ihrer Voraussetzung in der Schöpfung.

Striet: Helmut Hoping hatte von einer – philosophisch betrachtet – möglichen Offenbarung gesprochen. Einverstanden. Nur wie will man jetzt begründen, dass eine als Offenbarung Gottes angenommene Offenbarung auch objektiv die Offenbarung des wirklichen Gottes ist? Hier findet eine Setzung statt. Und philosophisch ist noch nicht einmal klar, ob ein in der Tat als notwendig zu denkendes Absolutes im strengen Sinn mit derselben Notwendigkeit als ein sich durch Freiheit auszeichnender Gott bezeichnet werden kann. Es finden damit faktisch sogar zwei Setzungen statt. Erstens, dass der freie Gott existiert, und zweitens, dass der freie Gott sich dazu bestimmt hat, als dieser Jesus aus Nazareth dem Menschen in der Dimension der Geschichte begegnen zu wollen. Zu welchem Zweck ist dann aber eine Frage der Interpretation. Andernfalls könnte nicht erklärt werden, warum bis heute darum gerungen wird, wie das Leben und Sterben Jesu theologisch zu deuten sind.

Hoping: Eine Offenbarung im engeren Sinne gibt es nur als geschichtlich ergangene, im Glauben angenommene und überlieferte Offenbarung. Theologische Aussagen können im Kontext einer allgemeinen Wissenschaftstheorie zwar als Hypothesen betrachtet werden, wie dies Wolfhart Pannenberg in seinem Werk »Wissenschaftstheorie und Theologie« getan hat. Mit Blick auf den Glaubensvollzug und den damit verbundenen Inhalten des Glaubens kann man jedoch nicht hypothetisch glauben. Jede Wissenschaft bis hin zur Mathematik hat ihre Voraussetzungen, die nicht in Frage gestellt werden. Dies gilt auch für die Theologie. Thomas von Aquin betrachtete die Artikel des Credo als unbestrittene Grundlagen der theologischen Wissenschaft.

Striet: Ich kann mich nur wiederholen: Natürlich kann man nicht nur hypothetisch glauben. Wenn ich sage »Ich glaube«, stellt dies einen performativen Akt dar. In diesem Moment ist das ein Bekenntnis. Ich verlasse spätestens jetzt die Ebene des Abwägens, ob ich glauben kann. Worauf ich nur immer wieder hinweise, ist, dass schon die Überlieferungsgeschichte dieses Glaubens zeigt, dass sie von Kontinuitäten, Korrekturen und Brüchen bestimmt ist. Und das hängt meines Erachtens damit zusammen, dass von Anfang an interpretiert werden musste. Im Unterschied zu vorangegangenen Jahrhunderten sind heute allerdings die intellektuellen Unsicherheiten größer geworden. Wenn die Gewissheit des freien Gottes verloren gegangen ist, weil keine zwingenden Gründe mehr dafür aufgebracht werden können, dass er notwendigerweise existiert, muss sich ein theologisches Nachdenken darüber im Klaren sein, dass es von Anfang an Setzungen macht. Und diese Setzungen sind immer auch von dem Selbstverständnis abhängig. Wenn – und das ist mir wichtig – eine moralische Selbstbestimmung nur unter der Voraussetzung von Autonomie möglich ist, hat dies erhebliche Auswirkungen auch auf den geglaubten Gott. Dies kann so weit gehen, dass theologisch wirksam gemachte menschliche Selbstverständnisse von früher nun einer massiven Kritik unterzogen werden. Es darf dann keine Heteronomie mehr herrschen: keine knechtische Unterwerfung unter einen nicht akzeptierten, von wem auch immer vorgetragenen Willen Gottes. Die Auseinandersetzungen auf dem Synodalen Weg haben hier ihren Glutkern.

Hier sind die Differenzen zwischen Ihnen bekanntermaßen deutlich größer ... Wie groß ist das Problem fehlender Verbindlichkeit aufgrund der Vorgaben der Offenbarung, Herr Hoping?

Hoping: Es ist wichtig, dass Theologen und Theologinnen sich darüber verständigen, was Offenbarung ist, wie Offenbarung geschieht, was Inhalt der Offenbarung ist und vor allem, was uns in der Glaubensüberlieferung bindet und was nicht. Das ist heute zunehmend strittig. Aber wenn man von einer Offenbarung im Sinne einer unüberbietbaren Selbstmitteilung Gottes ausgeht, wie sie sich in der Person Jesu Christi ereignete, muss es aus theologischen Gründen möglich sein, definitive Entscheidungen in Glaubensfragen zu fällen. Wenn über die Zeiten hinweg verbindliche Glaubensaussagen nicht möglich wären, könnte auch die Offenbarung selbst – als für uns nur im Glauben angenommene und überlieferte – nicht definitiv sein.

Striet: Sicher müssen wir uns darüber verständigen, was der Inhalt der Offenbarung ist und was uns bindet. Ich kenne auch keine Theologen und Theologinnen, die nicht ihre Überlegungen um die Frage kreisen lassen, was der Glaube an die Menschwerdung Gottes bedeutet. Allerdings sieht man dann auch sehr schnell, dass dies so eindeutig gar nicht zu sein scheint – wir kommen auf aktuelle kirchenpolitische Fragen ja noch zu sprechen. Aber mich irritiert schon, welche Fragen dann zu grundlegenden, geoffenbarten Glaubenswahrheiten erklärt werden. Für entscheidender halte ich hingegen die Frage, ob der Glaube selbst in der Instanz eigener Autonomie zustimmungsfähig ist. Wenn ich sage »Ich will, dass ein Gott sei«, liegen offensichtlich die Gründe dafür, dass dieser Gott sein soll, in mir selbst – und werden hoffentlich dann auch als diese verantwortet. In einem Glauben, der den Satz, Freiheit soll sein, verinnerlicht hat, findet definitiv kein Gott mehr Platz, der dem Menschen seine Selbstentfaltungsbedürfnisse verweigert, solange die Rechte anderer anerkannt bleiben.

Hoping: Für mich ist Gott kein Postulat des Willens. Und glauben können wir an Gott nicht unter Vorbehalt oder im Sinne der Pascal'schen Wette. Zum Glauben gehört Gewissheit. Ich muss für den Glauben einstehen, eventuell bis zum Martyrium. Menschen gehen nicht für eine mathematische Formel in den Tod, unter Umständen aber für ihren Glauben.

Eine Kritik an Ihrem Kollegen Magnus Striet?

Hoping: Das kommt darauf an. Wenn Magnus Striet sagt, Theologie können wir nur auf der Grundlage eines Postulats betreiben, teilen wir nicht dasselbe Verständnis von Theologie.

Striet: Der existentielle Glaubensakt und die Reflexion dessen, was durch die Geschichte hindurch überliefert als der Glaube gilt, sind nicht identisch. Setzt die Reflexion ein, so setzt auch die kritische Reflexion ein, ob denn überhaupt geglaubt werden kann, was überliefert ist, oder ob dies modifiziert werden muss. Dies hat selbstverständlich auch Auswirkungen auf den Glaubensakt, wenn dieser vernünftig sein will. Aber der Akt selbst ist kein hypothetischer. Insofern bin ich für die Klarstellung von Helmut Hoping sehr dankbar. Wichtig ist aber auch ein Punkt, den er vorhin schon kurz erwähnt hat. Der Glaubenszweifel kehrt immer wieder, und er wird vor allem durch die Frage herbeigeführt: Woher das Leid?

Kirche der Freiheit?

Magnus Striet hat seinen Ansatz jüngst auch in seinem Bändchen »Für eine Kirche der Freiheit. Den Synodalen Weg konsequent weitergehen« entfaltet. Seine bisher schon vertretenen Überzeugungen hat er darin noch einmal zugespitzt. Wie bewerten Sie die dort vorgetragenen Argumente, Herr Hoping?

Hoping: Das schmale Buch enthält nicht nur Reflexionen zum Synodalen Weg, sondern auch einige scharfe Repliken auf Kritiker der von ihm vertretenen Theologie der Freiheit. Auf die Selbstreferentialität und den polemischen Tenor der Schrift will ich hier nicht näher eingehen. Nach der Lektüre des Textes hat sich bei mir jedoch der Eindruck verstärkt, dass Magnus Striet eine Theologie des denkbaren Gottes einer möglichen Offenbarung empfiehlt. Striet nennt Gott ein Projektionswort, dem möglicherweise ein existierender, dem Menschen in seinen Sehnsüchten entgegenkommender

Gott entspreche. Es ist nicht erkennbar, wie man auf dieser Grundlage bekenntnisgebundene Theologie betreiben kann. Für Magnus Striet ist jede Rede von geschichtlicher Offenbarung ausschließlich die Interpretation historischer Ereignisse: Wenn von Offenbarung gesprochen werde, so nur auf der Basis einer Interpretation des Lebens Jesu, heißt es. Dass es Erfahrung nicht ohne Interpretation gibt, bestreitet niemand. Doch ohne das Moment einer disclosure im Sinne von Enthüllung gibt es keine Offenbarung. Das Ereignis bestimmt die Interpretation, sagt Karl-Heinz Menke mit Recht. Wer glaubt, dass Gottes Offenbarung nicht nur möglich, sondern tatsächlich geschichtlich ergangen ist, kann in menschlicher Interpretation nicht die Grundlage göttlicher Offenbarung sehen, sondern muss Gottes Offenbarung als Grundlage ihrer Überlieferung und Hermeneutik betrachten. Für Magnus Striet ist Offenbarung dagegen immer nur eine mögliche Offenbarung und der Glaube menschlichen Ursprungs. Für einen übernatürlichen Glauben, durch den eine geschichtlich ergangenen Offenbarung erkannt wird, ist hier kein Platz.

Aber der Glaube ist doch Glaube?

Hoping: Natürlich weiß christlicher Glaube, dass er ein Glaube ist. Zur Pragmatik des Glaubens gehört aber die Gewissheit, dass er wahr ist. Magnus Striet unterschlägt diese Gewissheit und lässt den Glauben und die Hoffnung, dass alles wahr sein könnte, was wir annehmen, ineinanderfließen. Der Glaube aber ist mehr als eine Hoffnung darauf, dass die Offenbarung Gottes möglicherweise wahr sein könnte. Was soll das denn heißen, dass der Glaube nur für den vernünftig ist, der darum weiß, dass er an einen Gott glaubt, der möglicherweise gar nicht existiert und dann auch nicht Mensch geworden ist? Dann kann man das Credo wie Magnus Striet nur noch im Konditional formulieren: Nur wenn der freie Gott existieren sollte, sei der das Glaubensbekenntnis eröffnende Satz »Ich glaube an Gott, den Vater, den Allmächtigen, den Schöpfer des Himmels und der Erde« wahr, heißt es dann konsequent. Hinzu kommt, dass Magnus Striet Gottes Freiheit in den Bahnen des spätmittelalterlichen Nominalismus als absolute Freiheit denkt.

Das heißt?

Hoping: Gott tut das Gute, weil er frei ist, nicht weil er wesenhaft gut ist. Er bindet sich an das Gute, das er tut, könnte aber auch das Gegenteil davon tun, so dass die Differenz von Gut und Böse als durch Gott selbst hervorgebracht zu denken ist. Wenn nur ein in vollkommener Übereinstimmung mit dem Moralgesetz stehender Gott, so Magnus Striet ausdrücklich, ein Gott für den Menschen sein darf, erhebt er die Freiheitsautonomie zur entscheidenden theologischen Erkenntnisquelle. Das wird auch in seinem merkwürdigen Verständnis des sensus fidei fidelium deutlich, der für ihn in gemeinsam einander zuerkannter Autonomie gründet. Bezogen auf die Agenda des Synodalen Weg resultiert daraus – wie es heißt – eine Dekonstruktionspolitik von unten, die sich gegen die Lehre der Kirche richtet. Der sensus fidei bezeugt dann nicht mehr die authentische Glaubensüberlieferung des depositum fidei, sondern wird zum Motor seiner Korrektur. Es kann dann auch nur noch ein Lehramt, nämlich das der Theologie, geben, und weil es Theologie nur im Plural gibt, müsse der Glaube argumentativ ausgehandelt werden. Synodale Prozesse haben dann der Logik gesellschaftlicher Debatten zu folgen. Dabei assoziiert der Leser nicht zufällig Jürgen Habermas' Diskurstheorie und das Mantra vom Zwang des besseren Arguments. Damit vertritt Magnus Striet einen Vernunft-Immanentismus, der eine positiv ergangene, durch Schrift, Tradition, Lehramt, Theologie und sensus fidei bezeugte Offenbarung als genuine Erkenntnisquelle nicht mehr gelten lässt. Über wahr und falsch entscheide in der Theologie allein die Vernunft und das Prinzip der freien Selbstbestimmung.

Striet: Ob meine Ausführungen in meinem Büchlein von einem polemischen Unterton bestimmt sind, mögen andere entscheiden. Nach meinem Eindruck habe ich Polemiken gegen mich zitiert. Das ist weder meinerseits Polemik noch verwerflich. Ohnehin habe ich manchmal den Eindruck, dass man in gewissen Kreisen gar nicht auf die Idee kommt, dass Personen wie ich registrieren könnten, was in Medien wie der »Tagespost«, die sich für ihre katholische Kante rühmt, geäußert werden kann. Aber nun gut: Blasenbildungen gibt es nicht nur in der Gesellschaft, sondern auch in der Kirche.

Hoping: Ich habe davon gesprochen, dass Gottes Existenz philosophisch nicht bewiesen werden kann.

Striet: Ebenso irritiert bin ich, dass meine Ausführungen nun selbstreferentiell sein sollen. Wenn etwa Karl-Heinz Menke seit Jahren gegen mein Freiheitsdenken anschreibt, halte ich es für eine ganz normale akademische Praxis zu antworten. Mit Selbstreferentialität hat dies nichts zu tun. Was die inhaltliche Kritik von Helmut Hoping an mir angeht, so kann ich mich nur wiederholen. Mir einen Vernunft-Immanentismus zu unterstellen, ist schlicht abwegig. Es geht mir doch gerade darum, das Leben Jesu als die einzigartige freie geschichtliche Selbstoffenbarung Gottes zu begreifen, die in der freien Initiative Gottes gründet. Mit einem übernatürlichen Glaubensgrund, der verbürgen könnte, dass dieses Leben tatsächlich die Inkarnation Gottes selbst war, rechne ich allerdings nicht. Und dies schon deshalb nicht, weil mir die Gefahr, dass aus einer solchen Annahme exquisite Auslegungsansprüche folgen, zu groß ist. Allerdings ist dies noch kein Argument. Wenn jedoch die Existenz Gottes ungewiss ist, wie Helmut Hoping zu Beginn unseres Gesprächs offensiv eingeräumt hat, wüsste ich gerne, wie er die Annahme eines übernatürlichen Glaubensgrundes und das, was durch Offenbarung mitgeteilt worden sein soll, vor dem Projektionsverdacht schützt.

Was sind für Sie die Konsequenzen?

Striet: Deshalb bleibe ich dabei: Wenn wir von geschichtlicher Offenbarung reden, so geht dies auf Interpretation eines Ereignisses zurück. Und wenn der freie Gott im Medium der Freiheit des Menschen Gott für den Menschen werden will, so ist Gott selbst darauf angewiesen, dass der

Mensch sich ihm reflektierend annähert und auch interpretiert. Zur Verwechslung von theoretisch-verstehender Aneignung des Glaubens und dem Glaubensakt bei Helmut Hoping kann ich nur auf das verweisen, was ich schon ausgeführt habe. Aber, um es mit dem Philosophen Rainer Forst zu sagen: Der vernünftige Glaube weiß, dass er ein Glaube ist. Sehr irritierend finde ich nun allerdings, dass offensichtlich auch an der unbedingten Geltung der Norm »Freiheit soll sein« Kritik angemeldet wird. Man kann den normativen ethischen Kern ablehnen, der in diesem Satz steckt. Dann wüsste ich nur gerne, wie in der Konsequenz noch eine weltweite Menschenrechtspolitik betrieben werden soll. Was aber moralisch-ethisch verbindlich gelten soll, kann doch theologisch nicht falsch sein. Und ich verstehe auch nicht, was nun gegen das in der Tat von mir eingespielte Prinzip des zwanglosen Zwangs des besseren Arguments einzuwenden ist. Soll ich etwas, das mich argumentativ nicht überzeugt, deshalb für wahr halten, weil es – was immer das auch genau ist – der Lehre der Kirche entspricht? Blinden Gehorsam leisten? Das Thema der Menschenrechte wird uns im Verlauf unseres Gesprächs sicherlich noch beschäftigen.

Wir sind damit längst beim Spannungsverhältnis von Glaube und Zweifel. Oder gibt es das gar nicht? Wo sind bei Ihnen aktuell die Zweifel am größten, Herr Hoping?

Hoping: Meine Zweifel betreffen derzeit vor allem den Glauben, den wir der Kirche und ihren Hirten schenken, das heißt die Glaubwürdigkeit der Kirche. Im Glaubensbekenntnis heißt es nicht, dass wir *an* die Kirche glauben, wie wir an Gott, den Vater, den Sohn und den Heiligen Geist glauben. Aber wir glauben *der* Kirche, wir vertrauen ihr, was angesichts des sexuellen Missbrauchs durch Priester und Bischöfe und seiner systematischen Vertuschung durch kirchliche Verantwortungsträger zunehmend schwerfällt. Natürlich kommt in mir angesichts des Leidens auch öfter die Frage auf, wie damit Gottes Allmacht und Güte vereinbar sein können. Zu glauben heißt nicht, dass es keine Fragen mehr gibt.

Die Theodizeefrage als entscheidende Herausforderung

Bleiben wir zunächst bei dieser Frage: Woher das Leid – und wie ist es zu rechtfertigen? Tatsächlich hat die Theodizeeproblematik eine der drängendsten Fragen der Menschheit aufgeworfen. Ihre Antwort, Herr Striet?

Striet: Die Frage nach dem Grund des Leidens gibt es, seitdem Menschen versuchen, ihre Existenz vor dem Hintergrund eines Göttlichen zu deuten. Versucht man sie mit Blick auf die Perspektive des einzigen Gottes zu verstehen, wird sie noch drängender. Entscheidend verschärft wurde sie, nachdem man in der antiken Welt um der Freiheit Gottes willen den Gedanken an eine Schöpfung aus dem Nichts gefasst hatte. Die Welt hätte dann nicht existieren müssen. Diese Frage wurde zwar über Jahrhunderte hinweg noch einmal stillgestellt, was maßgeblich an Augustinus gelegen hat. Er hat die Existenz aller Übel in der Welt durch die eine Sünde Adams erklärt, an der alle vom Mutterleib an partizipieren. Die Folgen dieser Tat gehen für Augustinus auf alle Menschen über. Diese Erklärung kann heute nicht mehr akzeptiert werden, und sie wird auch in der Breite nicht mehr hingenommen. In einem naturwissenschaftlich geprägten Weltbild ist völlig klar, dass der Prozess der biologischen Evolution von Anfang an von Schmerz und Tod durchzeichnet war. Alle Organismen und Lebewesen sind in diesen Prozess des Kommens und Vergehens eingeschlossen. Davon zu unterscheiden ist das moralisch Böse, das tief eingedrungen ist in die Kulturgeschichte.

Mit den entsprechenden Konsequenzen in der Moderne, wo die Sprengkraft dieser drängenden Frage offenkundig geworden ist …

Striet: Tatsächlich hat sich das Theodizeeproblem in der Neuzeit nochmals entscheidend verschärft. Zunächst gibt es die nachhaltig wirksam gewordene Beobachtung, dass der Gott, dem angeblich nichts unmöglich ist, nicht in die Prozesse eingreift. Hat dieser Gott möglicherweise ein moralisches Defizit? Und wusste Gott, was es bedeutet, einem Prozess der Evolution ausgesetzt zu sein? Hätte er dann das Risiko einer Schöpfung überhaupt eingehen dürfen?

Hoping: Anders als Magnus Striet bin ich der Meinung, dass wir die Theodizeefrage und die Frage nach dem Ursprung der Sünde unterscheiden müssen. Die Lehre vom peccatum originale hat nicht primär die Funktion, Gott zu entlasten. Sie ist eine Antwort auf die Frage, woher das Böse, das Menschen tun, kommt. Die Sünde kam in die Welt durch den Menschen. Und die Macht der Sünde betrifft den Menschen zutiefst – vor allem Bösen, das ihm individuell zurechenbar ist. Die Tradition nennt diese Macht peccatum originale, Ur-Sünde, die heute allerdings nicht mehr so gedacht werden kann, wie dies Augustinus tat.

Wie muss man sie heute denken?

Hoping: Beim peccatum originale, so wie ich es verstehe, gehe ich nicht von einer durch Zeugung weitergegebenen Erbschuld aus, sondern von einem radikalen, vorreflexiven Bruch im Ich, der uns von Gott entfremdet. Bei der Theodizee ist zwischen der existenziellen Theodizeefrage, wie sie schon Hiob umtrieb, und dem theoretischen Theodizeeproblem zu unterscheiden. Die neuzeitliche Theodizee wird von Kant als eine Art Gerichtsprozess gedacht, bei dem Gott als zugleich gütiger und allmächtiger Gott vor Gericht steht, bei dem über seine Existenz entschieden wird. Von Hiob wird die Existenz Gottes nicht in Zweifel gezogen oder gar bestritten. So wenig, wie Gottes Existenz bewiesen werden kann, so wenig lässt sich das Theodizeeproblem theoretisch auflösen. Alle Versuche einer solchen Theodizee sind gescheitert. Glaube und Theologie sind allerdings nicht der Versuch einer Theodizee, wie sie noch Leibniz versucht hat, sondern beziehen sich auf eine ergangene Offenbarung Gottes und zeigen Wege, mit dem Leid umzugehen, ohne sich damit einfach abzufinden.

Striet: Das Buch Hiob wird im Hinblick auf die neuzeitliche Theodizeefrage tatsächlich ziemlich überschätzt. Was wir hier finden, ist eine nochmalige im Namen Jahwes geführte Kritik daran, dass Menschen, denen Übles widerfährt, dies als Strafe für eine Sünde erleiden.

Hoping: Das ist richtig.

Striet: Am Ende beugt sich Hiob dem Schöpfergott. Dies jedoch wird sich in der Neuzeit ändern. Die alten Erklärungsstrategien greifen nicht mehr. Neben den Gründen, die bereits erwähnt wurden, kommt noch ein weiterer hinzu – möglicherweise sogar der entscheidende. Es kommt eine neue Konzeption des moralischen Selbstverständnisses auf. Moralisch bin ich nach Kant, wenn ich mich frei an den ethischen Imperativ binde, einen jeden Menschen als Zweck an sich selbst betrachten zu sollen. Dazu gehört auch, ihm innovativ in seinen Lebensbedürfnissen zu helfen. Wenn nun aber Gott auch moralisch sein soll, bricht die Frage auf, ob er nicht sehr nachlässig mit dieser Verpflichtung umgeht. »Ich, wäre ich allmächtig«, heißt es prägnant bei Georg Büchner, »ich würde retten«. Daran stirbt Gott in der Erzählung »Lenz«. Gott aus dem menschlichen moralischen Universum zu entlassen, ihn angesichts der Theodizeefrage als den ganz Anderen zu beschwören, bildet jedoch keine Alternative. Denn entweder gilt der ethische Imperativ dem Menschen unbedingt, weil er keine andere Ethik für sich akzeptieren will, oder er gilt nicht. Gilt er aber, so kann auch der geglaubte freie Gott um der Moralität willen nicht von ihm entlastet werden. Das Ringen mit dem ohnehin in seiner Existenz fraglich gewordenen Gott wird jetzt scharf gestellt. In diesem Punkt liegt der harte Kern der neuzeitlichen Theodizeefrage.

Hoping: Über den harten Kern des Theodizeeproblems besteht Einverständnis. Moralische Imperative kann es aber nur für endliche freie Wesen geben – was freilich nicht heißt, dass Gott gegen sein Wesen als Liebe handeln könnte, dass er lügen könnte und so weiter. Die neuzeitliche Konstellation der Theodizeefrage darf man jedenfalls nicht in Augustinus hineinlesen, indem man wie Kurt Flasch die Funktion der Lehre von der Ur-Sünde darauf reduziert, Gott von der Verantwortung für das Böse zu entlasten.

Striet: Ich sage auch nur, dass die Theologie des späten Augustinus mit den Fragen, die Ende des achtzehnten Jahrhunderts gestellt werden, an ihr Ende gekommen ist. Damit gerät aber auch die gesamte herkömmliche, ihr Zentrum in der Sünde des Menschen findende Dogmatik unter Druck, die sich von der Frage der Theodizee nur wenig beeindruckt zeigte.

Gott und die menschliche Freiheit

Seitdem befinden wir uns theologisch nach der viel beschworenen anthropologischen Wende. Was hat sich durch sie geändert?

Striet: Meines Erachtens gibt es keinen Weg hinter die anthropologische Wende zurück. Zumal theologisch gilt, dass der christliche Glaube seinen Ausgangspunkt in dem Satz hat: Gott ist Mensch geworden. Christliche Theologie als Reflexion dieses Glaubens kann schon deshalb gar nicht anders, als mit einer starken Anthropozentrik aufzutreten. Das bedeutet noch lange nicht, ausbeuterisch mit der Natur und gnadenlos mit anderen Lebewesen umgehen zu dürfen.

Hoping: Hinter die anthropologische Wende in der Theologie können wir nicht zurück, das ist richtig. Ein Humanismus ohne Gott hat aber ebenso seinen Preis wie ein theologischer Rationalismus, der alles, einschließlich der ergangenen Offenbarung, an der autonomen menschlichen Vernunft misst. Zudem ist Freiheit theologisch als Gabe Gottes zu denken, unbeschadet der formalen Unbedingtheit ihres realen Vollzugs.

Striet: Ich bin nicht sicher, ob die Gabe-Metaphorik das eigentlich harte philosophische Problem nicht verdeckt. Grundsätzlich wird man nie in einer kausalursächlichen Weise erklären können, wie ein freies Wesen ein anderes freies Wesen zu sich selbst ermöglichen kann.

Hoping: Gott ist aber keine natürliche Kausalursache von Freiheit, sondern er setzt sie frei. Darin hat auch Kant keinen Widerspruch gesehen – selbst wenn wir niemals erklären können, wie dies möglich ist. Mit dem Gedanken der Schöpfung und der Gnade überschreiten wir jede natürliche Religion im Sinne Kants.

Striet: Kant hat in der sogenannten Religionsschrift ausdrücklich erklärt, es sei »für unsere Vernunft schlechterdings unbegreiflich, wie Wesen zum freien Gebrauch ihrer Kräfte erschaffen sein sollen«. Ich bin inzwischen sehr zurückhaltend mit Blick auf die Frage, ob überhaupt abschließend theologisch zu erklären ist, warum sich irgendwann im Evolutionsprozess eine in einer reflexiven Weise um sich selbst wissende Lebensform gezeigt hat, die wir Mensch nennen. Es ist auch, soweit wir wissen, die einzige Lebensform, die sich selbst vernunftgeleitet und deshalb frei bestimmen kann. Das Faktum von Freiheit muss so lange unterstellt werden, wie wir es uns selbst lebensweltlich unterstellen. Andernfalls könnten wir so großartige Phänomene wie die Übernahme von Verantwortung oder verbindliche Freundschaften nicht erklären. Aber auch die Vorstellung eines moralisch Bösen wäre dann aufzugeben. Aber *wie* dieses Faktum zustande kommt, ist damit noch nicht erklärt. Ich bleibe diesbezüglich bei meinen theoretischen Erklärungsansprüchen bescheiden. Die mich zunehmend irritierende Frage lautet, ob möglicherweise auch der freie Schöpfergott nur warten konnte, bis sich irgendwo in einem Winkel der von ihm gewollten und in ihrer dynamischen Substanz erhaltenen Welt ein Alter Ego, ein freies Ebenbild seiner selbst, zeigen würde.

Wie handelt Gott in der Welt der Menschen?

Was heißt das für die Rede vom Handeln Gottes, die mehr denn je in eine Krise geraten ist?

Hoping: Da Gott keine innerweltliche Entität ist, kann er auch nicht im Sinne einer Naturkausalität handeln, sondern nur durch natürliche Ursachen. Er ermöglicht und trägt schöpferische Prozesse, die wir naturwissenschaftlich und philosophisch beschreiben können. Das Bild eines Gottes, der am Rande des Universums auf die Emergenz eines Lebewesens mit einer Erster-Person-Perspektive wartet, ist theologisch allerdings nicht ausreichend. Der gesamte Prozess des Universums bis hin zur Evolution des Lebens hat sein schöpferisches Prinzip und seinen tragenden Grund in Gott, der das Ganze nicht nur irgendwann angestoßen und sich dann zur Ruhe gesetzt hat. Ich vertrete das Konzept eines christlichen Panentheismus. Denn Gott kann nicht als ein Äußeres im Gegenüber zur Welt im Sinne eines aliud konzipiert werden. Alles ist durch und in Gott erschaffen. Auch dies ist bei der Rede vom Handeln Gottes in der Welt zu beachten.

Striet: Monistische und panentheistische Konzeptionen, die das Verhältnis von Gott, Welt und Mensch klären sollen, sind in den letzten Jahrzehnten vor allem von Klaus Müller forciert in die religionsphilosophisch-theologische Diskussion eingebracht worden. Die Intentionen sind mir klar, und ich sehe auch die Potenziale solcher Konzeptionen. Allerdings versuche ich inzwischen auch seit mehr als zwanzig Jahren Antworten auf folgende Fragen zu bekommen: Wie wird hier erklärt, dass der Mensch einen Selbst-Stand auch nochmals gegenüber Gott bildet? Oder gibt es diesen gar nicht? Um den Selbst-Stand erklären zu können, sind meines Erachtens unabdingbar freiheitsanalytische Annahmen zu machen, wie ich sie schon angedeutet habe. Man kann natürlich auch die Weltwerdung und die Geschichte als Selbstentfaltungsprozess des einen Gottes begreifen, was zur Konsequenz hätte, dass es keine mehr in Freiheit gründende Differenz zwischen Gott und Mensch gäbe. Aber dann wüsste ich gerne, wie man noch eine eschatologische Hoffnung auf Gerechtigkeit über die Grenze des Todes hinaus denken kann. Oder muss man eine solche Hoffnung ad acta legen? Ich gebe deshalb gerne auch zu, dass ich um der Freiheit des Menschen willen Schwierigkeiten mit Ansätzen habe, die den Begriff der Gabe als zentral ansehen.

Hoping: Mit der Forderung nach freiheitsanalytischen Reflexionen zur Verteidigung der Schöpfungsdifferenz gegenüber einer monistischen All-Einheit bin ich ganz bei Magnus Striet. Doch zu sagen, dass in Gott alles geschaffen ist, bedeutet nicht, dass dies die Schöpfungsdifferenz aufhebt – wie beim Konzept einer All-Einheit. Wenn der Mensch als ganzer sich nicht selbst hervorbringt, gilt dies auch für das Freiheitsvermögen. Genau deshalb lehne ich die Rede von einer Selbstursprünglichkeit der Freiheit ab, wenn damit mehr gemeint sein soll als die formale Unbedingtheit realer Freiheit in ihrem Vollzug. Wenig hilfreich für ein konstruktives Gespräch über die Potenziale einer Theologie der Gabe ist, wenn beim Gedanken der Gabe ein heteronomes Moment unterstellt wird. Schöpfung und Gnade heben die Freiheit nicht auf.

Striet: Dass das Verhältnis von Gott und Mensch ein kreatürliches ist, habe ich natürlich nie bestritten.

Hoping: Aber dann betrifft das auch die Freiheit …

Striet: Einspruch. Wenn Gott der Initiator des gesamten Weltgeschehens ist, der zwar darauf warten musste, dass sich in einem Prozess von Evolution bewusstes Leben und Freiheit regen, bleibt der Mensch immer noch kreatürlich gedacht. Es geht mir nur um den einen Punkt, dass es keine kausale Verursachung von Freiheit geben kann – auch durch Gott nicht, da dieser dann immer im Grund der Freiheit wirksam bliebe. Und dass die menschliche Freiheit immer eine endliche, kreatürliche ist, Autonomie nichts mit absoluter Freiheit oder auch Autarkie zu tun hat, sollte inzwischen ohnehin klar sein.

Hoping: Die Evolution des Lebens und das, was die Tradition creatio continua nennt, müssen zusammengedacht werden. Dies gilt auch für das sogenannte Feintuning des Universums. Bei minimalen Abweichungen von den Feinabstimmungen in den frühesten Anfängen des Universums wären weder Atome noch Planeten und damit auch nicht der blaue Planet entstanden, auf dem Leben entstand. Gottes schöpferische Kraft müssen wir ausgehend von seiner Ewigkeit denken, die keine Negation von Zeit ist, sondern Gottes Gegenwart zu aller Zeit, in der Gott den Prozess des Universums und des Lebens von Anfang an begleitet.

Striet: Auch wenn ein Gott ein solches Feintuning betrieben hätte, kann dies nicht das Faktum menschlicher Freiheit erklären. Denn minimale Eingriffe in den

Evolutionsprozess hätten diesen zwar verändert, ihm möglicherweise auch eine andere Richtung gegeben. Das ist Spekulation. Eine solche Spekulation geht aber an der eigentlich zu klärenden Frage vorbei. Denn was erklärt werden muss, ist doch, wie Freiheit überhaupt möglich sein soll und zu sich selbst kommt. Um es mit einem Vergleich zu erklären: Menschen können zwar für biologische Nachkommenschaft sorgen, indem sie Kinder zeugen. Aber sie zeugen keine Freiheit. Sondern sie freuen sich, wenn Kindern immer mehr zu eigenen Personen werden – und dann beginnen, »ich« zu sagen. Hier findet ein qualitativer Sprung statt, für den auch kein Gott durch Feintuning sorgen kann. Er muss genauso warten wie die Eltern.

Hoping: Aber in welchem Maße Kinder frei werden, hängt durchaus auch von ihren Eltern oder Bezugspersonen ab.

Striet: Ja, aber mein Problem ist grundsätzlicher. Der reale, verantwortete Freiheitsgebrauch von Menschen ist selbstverständlich extrem von den Bedingungen ihrer Sozialisation abhängig, denen Menschen unterworfen sind. Aber dass Kinder überhaupt beginnen, von sich »ich« zu sagen und sich selbst damit zu meinen, ist für mich bis heute erstaunlich.

Gottes Selbstoffenbarung in einem Menschen

Angesichts des von Ihnen unterschiedlich beschriebenen Beziehungsgeschehens zwischen Gott und Mensch: Was ist dann der Kern christlicher Gottesrede?

Striet: Dass Gott unendliche Liebe ist … Nur deshalb beunruhigen die Fragen auch so, die das Theodizeeproblem auslösen. Ist er es wirklich? Es macht zunächst einmal den Kern christlichen Glaubens aus, dass Gott durch sein Eingehen in die Geschichte konkret als Jesus aus Nazareth ein geschichtlich glaubwürdig gewordenes Versprechen gegeben hat, nämlich dem Menschen liebend zugewandt sein zu wollen. Und dies gilt auch noch über dessen Tod hinaus. Der Glaube an die Auferweckung Jesu durch den Gott Israels verbindet sich deshalb mit einer allen Menschen zugedachten Hoffnung: dass Gott hier ein Versprechen gegeben hat, den Tod überhaupt töten zu wollen. Gleichzeitig kann ich nur immer wieder betonen, dass es sich dabei um eine Interpretation des Lebens und Todes Jesu handelt. Aber wenn denn wahr sein sollte, dass Gott den Gekreuzigten nicht im Tod gelassen hat, wäre dies das Großartigste, was dem Menschen hat widerfahren können. Denn an dieses aufweckende Handeln knüpft sich auch die Hoffnung, dass auch wir nicht im Abgrund des Nichts verschwinden werden. Das Bedauerliche ist nur, dass das Theodizeeproblem sofort wieder eine Skepsis in diesen Glauben einzieht … Ist dies wirklich auch im 21. Jahrhundert noch zu glauben? Und wie hoch ist der Preis einer solchen Geschichte für den Menschen?

Drittes Kapitel: Die Person Jesus

Damit sind wir beim Medium der Offenbarung: Jesus von Nazareth. Was folgt daraus für die Rede von Offenbarung?

Striet: Dass die Rede von Offenbarung zu kurz greift, sondern von Selbstoffenbarung geredet werden muss. Gott selbst kommt im Leben dieses Juden Jesus von Nazareth zur Erscheinung, macht sich berührbar als menschenzugewandte Liebe. Es ist eine Liebe, die selbstverständlich auch zur Umkehr auffordert. Was auf die Moderne adaptiert bedeutet: Dieser Gott fordert dazu auf, Gerechtigkeit zu praktizieren und einem jeden Menschen sein Recht auf Freiheit zuzuerkennen. Wenn ich das Judesein Jesu so entschieden betone, hat das noch einen weiteren Grund. Das Christentum ist seinem Selbstverständnis nach eine Erlösungsreligion. Aber wovon soll erlöst werden? Denke ich in den Spuren des Augustinus, dann von der Sünde Adams. Ordne ich Jesus demgegenüber in eine bereits lange vor ihm praktizierte Gläubigkeit ein, auf Gott zu offen und gleichzeitig selbst dafür zu sorgen, dass Gerechtigkeit hergestellt wird, bekommt die Rede von Erlösung eine ganz andere Sinnrichtung. Es geht um die Gestaltung der Verhältnisse dieser Welt. Gott soll erlösend tätig werden, wenn der Mensch nichts mehr tun kann. Zuvor aber soll der Mensch im Namen Gottes erlösen: Zwangsprostituierte, Opfer sexualisierter Gewalt, aus allen sozialen Absicherungssystemen Herausgefallene, aus Krisengebieten Geflüchtete, einsam Sterbende … die Liste lässt sich unnachgiebig verlängern. Der Glaube kann hingegen davor schützen, sich selbst nicht zu überfordern, und Gott zu überlassen, das Schlusskapitel der Geschichte zu schreiben. Wenn das Judesein Jesu nicht so schamlos vergessen worden wäre, wäre die Geschichte anders verlaufen.

Hoping: Das Judesein wurde in der Geschichte in der Tat zunehmend ausgeblendet, das stimmt. Aber ganz vergessen hat man das Judesein Jesu nie. Die Beschneidung Jesu wurde schon früh für die wahre Menschwerdung Christi gegen die Doketisten vorgebracht. Das Fest der Beschneidung Jesu, das auf das sechste Jahrhundert zurückgeht, wurde in der nachkonziliaren Liturgiereform leider abgeschafft, was nach der Shoa ein schwerer Fehler war. Dass Jesus ein beschnittener Jude war, wurde von wenigen Ausnahmen selbst in der Zeit des Nationalsozialismus von Theologen nicht bestritten, auch wenn es einen bis in die Anfänge der christlichen Religion zurückreichenden Antijudaismus gibt.

Striet: Ja. Aber es hätte keinen Antijudaismus geben müssen, wenn man das Gleichnis vom barmherzigen Samariter ernst genommen hätte. In diesem Gleichnis spricht sich ein ethischer Universalismus aus, der für mich einen einzigartigen kultur-evolutiven Entwicklungsschritt darstellt: Wenn jemand unter die Räuber gefallen ist, wenn jemand um seine Anerkennung als Mensch kämpfen muss, dann ist diesem beizustehen, weil er ein Mensch ist. Ich bin völlig einig mit Helmut Hoping darin, dass es theologisch darum geht, an der tatsächlichen Menschwerdung Gottes festzuhalten. Jedenfalls wünsche ich es mir, dass sich dies ereignet hat – und deshalb bin auch ich strikt gegen den Doketismus, der Jesus nur einen Scheinleib zugestehen wollte. Nur ist damit noch nicht viel gesagt. Entscheidend ist, was dieser Jesus praktiziert hat. Und das ist dann das, was Gott uns und damit auch seiner Kirche abverlangt zu praktizieren.

Hat Gott ein Geschlecht?

Welche Rolle spielt die christliche Vorstellung, dass der Sohn Gottes ein Mann war, für die Diskussion darüber, ob beziehungsweise welches Geschlecht Gott hat. Oder ist diese Frage einfach absurd, weil Gott dabei nicht als transzendent gedacht wird?

Striet: Jesus hatte das biologische Geschlecht eines Mannes, und es gibt auch überhaupt kein Indiz dafür, dass er sich nicht als ein Mann gefühlt haben könnte. Dass aber der menschgewordene Logos ein Mann war, hatte erhebliche Auswirkungen auf die Ausformung des Christentums. Es wurde ignoriert, dass die langsam entstehenden Gemeinden schnell die faktisch in der antiken Welt existierenden patriarchalen Sozialstrukturen widerspiegelten. Bezogen auf die Geschlechterverhältnisse entwickelte die paulinische Einsicht keine große Wirksamkeit, dass alle gleich sind vor Gott. Dabei hätte sie auch emanzipatorisch wirksam werden können. Es ist anders gekommen: Christus war nun der wahre, der neue Adam, und als der Bräutigam seiner Kirche stand er dieser gegenüber. Die, wenn ich die biblische Überlieferungen richtig interpretiere, sehr selbstbewusste junge Frau Maria wurde gleichzeitig zum Inbegriff wahrer Weiblichkeit stilisiert, die angeblich darin besteht, demütig und dienend, und vor allem: gehorsam zu sein. Unabhängig von der theologischen Verfestigung ohnehin schon wirksamer Geschlechtervorstellungen bleibt noch ein dogmatisches Problem. Geht, wenn wir von *Selbst*offenbarung sprechen, das biologische Mannsein Jesu nun in die Bestimmung Gottes ein? Hat Gott zumindest insofern ein Geschlecht, als er sich dieses Geschlecht für seine Menschwerdung erwählt? Wenn bei Gott nichts unmöglich ist, dann hätte er sich ja auch dazu entscheiden können, mit dem biologischen Geschlecht einer Frau in die Menschheitsgeschichte einzugehen. Hat er aber nicht.

Hoping: Schon Theologen wie Thomas von Aquin wussten, dass Gott kein Geschlecht hat, denn es gilt auch hier: Deus non est in genere – Gott fällt unter keine Gattungsbestimmung. Doch schon in der Geschichte des von Gott erwählten Volkes Israel wurde der Gott, der sich Mose am Sinai offenbart hat, Vater genannt. Bei Jesus spielte dann die Anrede Gottes als Vater eine zentrale Rolle, bis in seine Gebetssprache hinein. Die Vater-Anrede gewann in der Geschichte des Volkes Israel deshalb Bedeutung, weil man Gott als geschichtsmächtig erfahren hatte. Hinzu kommt, dass in der Geschichte Israels alle Formen des Polytheismus ausgegrenzt wurden, vor allem Versuche, Gott ein weibliches Pendant zur Seite zu stellen. Das gilt unbeschadet der Tatsache, dass man Gott auch mütterliche Eigenschaften zuschreiben konnte.

Striet: Aber das wäre natürlich auch ein Argument dafür, Gott nicht mehr als Vater anzureden. Denn dieser Begriff löst biologische Assoziationen aus.

Hoping: Nun, hier kommt die Offenbarung Gottes in Jesus Christus ins Spiel. Ich muss etwas weiter ausholen: Gegenüber Mose hat sich Gott mit seinem Namen offenbart. Der geoffenbarte Name Gottes »Ich bin, der ich bin«, oder anders übersetzt »Ich bin, der ich da sein werde«, ist nicht vergleichbar mit den bekannten Götternamen. Das Tetragramm, die vier hebräischen Konsonanten des geoffenbarten Namens Gottes, ist das genaue Gegenteil eines göttlichen Eigennamens wie der Göttername Zeus. In der Geschichte Israels wurde Gott, der sich am Sinai in seiner Nähe zu den Menschen geoffenbart hatte, immer konkreter und intensiver erfahren: als ein Gott, der nicht nur geschichtsmächtig ist, sondern im Tempel wohnt, und als Gott, der mit seinem Volk ins Exil geht. Schließlich wurde denjenigen Juden, die in Jesus von Nazareth den Messias des Gottes Israels erkannten, dieser als Sohn Gottes, des Vaters, bekannt, in dem Gott Mensch geworden ist. Dabei ist zu beachten, dass nicht nur die Verkündigung Jesu, sondern auch seine Gebetssprache, einschließlich der Anrede Gottes als Vater, zur Offenbarung Gottes gehörten. Hinzu kommt, dass Gottes ewiges Wort nicht nur menschliche Natur angenommen hat, wie manche Theologinnen heute sagen.

Wo setzt hier Ihre Kritik an?

Hoping: Die menschliche Natur existiert nicht für sich, es existieren geschlechtlich differenzierte Menschen. Und niemand wird wohl ernsthaft bestreiten wollen, dass Jesus, den Maria geboren hat, männlichen Geschlechts war. In dem beschnittenen Juden Jesus, in einem Mann, dessen Heimat Galiläa war, hat sich Gott als menschgewordener Sohn offenbart. Gott wurde Mensch als jüdischer Mann. Mit dem christologischen Dogma ist es unvereinbar zu sagen, Gott Sohn habe nur menschliche Natur angenommen. Jesus war kein asexuelles Wesen, sondern hat sich, wie auch Magnus Striet sagt, ohne Zweifel als Mann verstanden. Ungewöhnlich war, dass er zölibatär lebte und die natürliche Familie der Familie Gottes unterordnete. Jesus Christus, der Herr der Kirche, der zur Rechten des Vaters sitzt, der unter uns gegenwärtig ist und dessen Wiederkunft wir erwarten, ist kein anderer als dieser Jude Jesus von Nazareth. Die Akklamation nach der Konsekration der Gaben von Brot und Wein in der Eucharistie endet mit dem Ruf »bis du kommst in Herrlichkeit«. Dass Gottes Sohn als beschnittener Jude Mensch wurde und Jesus der Jude, Gottes Messias, zur Rechten Gottes sitzt, bildet zusammen mit der Verkündigung und Gebetssprache Jesu die Mitte der Offenbarung.

Striet: Warum sollte das so sein? Warum haben das Mannsein Jesu und seine Gebetssprache Offenbarungscharakter?

Hoping: Sagte nicht der Jude Jesu, der menschgewordene Sohn Gottes: Ich und der Vater sind eins?

Striet: Handelt es sich hier nicht um eine nachösterliche Interpretation der Person Jesu? Und selbst wenn man hypothetisch unterstellt, Jesus selbst habe dies gesagt, ist Gott ja immer noch nicht der biologische Vater Jesu.

Hoping: Selbstverständlich ist Gott, der allmächtige Vater, den wir im Credo bekennen, nicht der biologische Vater Jesu, auch der Heilige Geist ist nicht sein biologischer Erzeuger. Aber man würde die Kontinuität zur Gebetssprache Jesu verlieren, wollte man die Vater-Anrede Jesu im Beten der Kirche durch die Mutter-Anrede substituieren. Ebenso problematisch ist es, anstelle der Vater-Anrede zu Gottes Allmacht, seiner Liebe und seiner Güte zu beten, wie dies verschiedentlich von feministischen Theologinnen vorgeschlagen wurde. Allerdings: Aus der Gebetssprache Jesu folgt nicht, dass wir nun alle Aramäisch oder Hebräisch beten müssen.

Neue theologische Akzente durch Jesus von Nazareth

Striet: Unabhängig davon, ob Gott nun als Vater angesprochen wird, darf die Gottesansprache keine patriarchalen Sozial- und Gesellschaftsverhältnisse widerspiegeln. In der antiken Welt gab es kaum Rechte für die Frauen. Die rechtliche Stellung der Frau wurde damals unter Eigentumsfragen abgehandelt. Und bei der Einschärfung des sechsten Gebots im antiken Judentum ging es noch nicht um das Konzept romantischer Liebe. Wo dies unterstellt wird, finden Rückprojektionen statt: Wenn man so will, wird das sechste Gebot dann aus der Perspektive des heutigen Zeitgeists gelesen, der Partnerschaft nicht primär als Rechtsverhältnis begreift. Soweit wir wissen, praktizierte Jesus ein für seine Zeit erstaunlich unverkrampftes Verhältnis zu Frauen. Und wenn es ihm um soziale Gerechtigkeit ging, ging es ihm auch um Gerechtigkeit in den Geschlechterverhältnissen.

Hoping: Erstaunlich sind sicherlich die Frauen im Umfeld Jesu und seiner Jünger. Aber ich kann nicht erkennen, dass Geschlechtergerechtigkeit bei Jesus im Fokus seiner Verkündigung gestanden hat.

Striet: Das meine ich schon.

Hoping: Als Mensch war Jesus ein Kind seiner Zeit.

Striet: Wenn wir uns darauf einigen könnten, dass auch Jesus zeitgeistbedingt gedacht und gehandelt hat, wäre das wunderbar.

Hoping: Ich würde vom religiös-kulturellen Kontext seiner Verkündigung sprechen.

Striet: Macht das einen Unterschied?

Hoping: Ich denke schon, da Zeitgeist eher nach Trend oder Mode klingt.

Striet: Wie dem auch sei. Auch wenn Jesus ein Kind seiner Zeit war, korrigierte er sehr entschieden die sozial praktizierten Geschlechterrollen.

Hoping: In Ansätzen vielleicht – etwa beim Besuch im Haus von Maria und Martha, in der Begegnung mit der Ehebrecherin oder in Jesu Verhältnis zu Frauen wie Maria Magdalena –, aber sicherlich nicht grundsätzlich.

Striet: Nein, noch nicht grundsätzlich. Man wird jedenfalls nicht davon sprechen können, wenn man Maßstäbe anlegt, die in liberalen, auf Egalität zwischen den Geschlechtern drängenden Gesellschaften herrschen. Aber weil Jesus auch nicht einfach patriarchal denkt, er in der historischen Überlieferung eine hohe Sensibilität für die Ambiguität menschlicher Lebenssituationen zeigt und Gerechtigkeit will, bietet er schon gute Gründe für diejenigen, die sich heute bei ihrer Forderung nach Gleichberechtigung auf ihn berufen.

Hoping: Gelegentlich hat man freilich den Eindruck, dass Jesus eine Projektionsfläche nicht nur heutiger Gerechtigkeitsvorstellungen, sondern zunehmend auch für die aktuellen Identitätsdiskurse darstellt. Doch Jesus kannte keine Selbstbestimmungsrechte im modernen Sinne. Die neuen Akzente, die er im Judentum seiner Zeit setzte, liegen vor allem in seinem Verhältnis zur

Schabbat-Tora, den Speise- und Reinheitsvorschriften, in der Relativierung der natürlichen Familie und seinem Verhältnis zum Tempel. Dabei darf man nicht übersehen, dass Jesus ein ansonsten toraffrommer Jude war. Ich kann auch nicht sehen, dass er den Tempel, den er das Haus seines Vaters nannte und zu dem er zu den großen Jahresfesten pilgerte, grundsätzlich abgelehnt hätte, auch wenn er einen veräußerlichten Kult kritisierte und erkannte, dass die Zeit des Tempels zu Ende gehen würde.

Striet: Allerdings agierte Jesus doch – so weit waren wir doch schon – heftig gegen den zuvor bereits kritisierten Tun-und-Ergehen-Zusammenhang in der Tradition anderer vor ihm.

Hoping: Richtig. Dieser wurde tatsächlich von Jesus energisch in Frage gestellt.

Striet: Insofern war er dann doch ein Reformtheologe, auch wenn er das Wort Theologe überhaupt nicht verstanden hätte. Im Übrigen: Wenn Jesus Kind seiner Zeit war, würde das doch nur zur Konsequenz haben, dass man selbst Jesu Aussagen korrigieren dürfte, wenn man sie als kulturell- oder zeitbedingt und heute nicht mehr zu rechtfertigen identifizieren kann. Gerade wer bei der Inkarnation und Zeitbedingtheit der jesuanischen Gedankenwelt ansetzt, soweit sie uns überhaupt im Neuen Testament begegnet, muss doch kritisch nachfragen und möglicherweise dann auch Korrekturen zustimmen.

Hoping: Mir fällt es schwer zu sagen, wir müssten Aussagen Jesu im Einzelfall korrigieren. Wo fangen wir da an und wo hören wir auf: Soll etwa seine Gerichtspredigt nicht mehr gelten, die Teil, wenn auch nicht Zentrum seiner Verkündigung war? Können wir sein Wort zur Unauflöslichkeit der Ehe übergehen, bindet es uns heute etwa nicht mehr?

Viertes Kapitel: Wie viel Weiterentwicklung der Lehre ist möglich?

Tradition versus Weiterentwicklung der Lehre: Helmut Hoping hat vorhin bereits davon gesprochen, dass es über die Zeiten hinweg gültige Glaubenswahrheiten geben muss. Brauchen wir so etwas nicht, Herr Striet?

Striet: Selbstverständlich gibt es solche Glaubenswahrheiten. Wer christlich-theologisch daran festhält, dass Gott in einer einmaligen Weise Mensch geworden ist und sich dadurch endgültig selbst offenbar gemacht hat, wird keine Probleme mit den christologischen und trinitätstheologischen Entscheidungen der alten Kirche haben. Allerdings setzt die eigentliche theologische Debatte dann erst ein. Bis heute etwa ist umstritten, ob das trinitarische Dasein auf der Linie des Augustinus oder des Richard von St. Viktor zu denken ist. Miteinander zu verbinden sind diese Trinitätstheologien nicht, und das Lehramt hat sich in dieser Frage nie abschließend verhalten. Auch die großen gnadentheologischen Streitigkeiten ab dem Mittelalter bis in die frühe Neuzeit sind nie lehramtlich entschieden worden. Und diese Streitigkeiten sind alles andere als nebensächlich. Denn verhandelt wurde und wird hier bis heute die Frage, ob es überhaupt eine Freiheit des Menschen gegenüber Gott gibt oder ob Gott nicht alleinursächlich tätig ist.

Ein Revisionsvorbehalt theologischer Aussagen?

Hoping: In der Tat finden wir beim Verständnis etwa der Trinität oder des Verhältnisses von Freiheit und Gnade in der Theologiegeschichte unterschiedliche Konzepte, ebenso bei der Frage, warum Gott Mensch wurde: Wegen unserer Sünden oder unabhängig von der Sünde der Menschen? Im Großen Glaubensbekenntnis heißt es, dass Gottes Sohn wegen unseres Heils Mensch geworden ist, wobei Heil mehr ist als Vergebung der Sünden. Im Apostolischen Glaubensbekenntnis wird dagegen kein Motiv der Inkarnation genannt.

Was bedeutet das, wenn Magnus Striet in vielen seiner Arbeiten den Revisionsvorbehalt gegenüber der kirchlichen Lehre betont?

Hoping: Natürlich ist es in der Lehrverkündigung auch zu Korrekturen gekommen, etwa bei der Religions- und Gewissensfreiheit – auch wenn die Freiheit des Glaubens in der Nachfolge Jesu, etwa bei den Märtyrern, von Beginn an beansprucht wurde. Meine Frage ist allerdings, ob Magnus Striet Lehrentscheidungen späterer Konzilien und Päpste auch dann unter Revisionsvorbehalt stellen will, wenn sie zum depositum fidei gerechnet werden. Wenn ja, wüsste ich nicht, warum das christologische Dogma vom Revisionsvorbehalt ausgenommen sein sollte, also die Lehre, dass der Jude Jesus von Nazareth der menschgewordene Sohn Gottes ist.

Striet: Nein. Dies kann theologisch nicht unter Revisionsvorbehalt gestellt werden, weil das den Glauben an die Aufhebung der personalen, singulären Offenbarung im Menschen Jesus in ein philosophisches System bedeuten würde, wie dies etwa bei Hegel der Fall ist. Ich kann nachvollziehen, dass dies auch in der Gegenwartstheologie angedacht wird. Schließlich ist die Vorstellung schon ziemlich waghalsig, dass der eine und ewige Gott so menschenverliebt ist, dass er Mensch wurde als genau jener Jesus aus Nazareth. Ich betone nochmals: Wer dies glaubt und zum Axiom seines wissenschaftlich-theologischen Nachdenkens macht, nimmt eine Setzung vor. In meinem eigenen theologischen Denken setze ich exakt diese Annahme voraus.

Dann aber eine Frage an Sie beide: Revisionsvorbehalt ist die Bedingung wissenschaftlichen Arbeitens. Inwiefern ist die Theologie überhaupt eine Wissenschaft, wenn Sie an einer bestimmten Stelle Revisionsvorbehalte ablehnen?

Striet: Solange ich philosophisch nicht ausschließen kann, dass ein freier Gott existiert und dieser sich dazu bestimmt haben könnte, selbst Mensch zu werden, darf sich die Theologie als Wissenschaft begreifen – sofern sie sich nicht anmaßt, mit wie auch immer hergeleiteten zureichenden Gründen zu *wissen*, dass Gott Mensch geworden ist.

Hoping: Der Wissenschaftsbegriff ist nicht univok, wie die Disziplinen Philosophie, Mathematik, Theologie,

Rechtswissenschaft und Medizin zeigen. Voraussetzungsfreie Wissenschaften gibt es ohnehin nicht. Auch die Theologie hat, wie jede andere Wissenschaft, einschließlich der Naturwissenschaften, ihre Voraussetzungen.

Wie bewerten Sie in diesem Zusammenhang den Fall Hans Küng, der zu den prominentesten Vertretern eines Revisionsvorbehalts gehörte?

Hoping: Hans Küng hatte die Revision nicht nur von theologischen Lehrmeinungen, sondern von dogmatischen Lehraussagen gefordert. Küng sah es als notwendig an, hinter die Entscheidung des Konzils von Nizäa aus dem Jahr 325 zurückzugehen, weil er meinte, es sei heute nicht mehr glaubhaft, dass ein Mensch wahrer Gott sei. Küng hat auf der anderen Seite mit Recht auf die Gefahr einer maximalistischen Auffassung päpstlicher Unfehlbarkeit hingewiesen. Und er hat immer wieder unterstrichen, dass es bei der Definition des unfehlbaren Lehramtes des Papstes ex cathedra ein entscheidendes Problem gibt: nämlich die fehlende rechtliche Bindung der Lehrdefinition an den Glauben der Kirche. Das ist zutreffend, auch wenn es in der entsprechenden Konstitution des Ersten Vatikanischen Konzils heißt, dass der Papst in seiner Lehrverkündigung ex cathedra *als* Hirte und Lehrer der Kirche spricht. Die Kritik an Küng hatte sich seinerzeit sehr stark auf seine Auffassung des päpstlichen Lehramtes konzentriert. Viel entscheidender aber war, dass Küng die Inkarnationslehre des Konzils von Nizäa und damit die Lehrentwicklung bis zum Konzil von

Chalcedon im Jahr 451 in Frage stellte. Die Konsequenz war, den Johannesprolog und dessen Spitzenaussage, dass das Wort Fleisch geworden ist, als religiöse Dichtung zu interpretieren.

Striet: An dieser Stelle gebe ich Helmut Hoping recht. Wenn ich erst einmal den Revisionsvorbehalt gegenüber allen dogmatischen Entscheidungen in der Geschichte zulasse, stellt sich schon die Frage, ob ich dann nicht auch noch das Ur-Dogma, Gott ist Mensch geworden, unter Revisionsvorbehalt stellen muss. Bei mir geschieht dies allerdings nicht. Ehrlich gesagt handelt es sich hier schnell um eine reine Scheindiskussion. Mit der Kritik Kants an allen möglichen Gottesbeweisen, die mich bis heute überzeugt, ist die Grenze zwischen den beiden Disziplinen gezogen: Einerseits hat sich die Philosophie gegenüber der Theologie mit Gründen emanzipiert und andererseits ist sich die Theologie ihres hypothetischen Charakters bewusst. Eine vernunftkritische Philosophie kann nicht mit Gewissheit dahin kommen, wo die Theologie ansetzt. Allerdings sollte die Theologie auch so ehrlich sein zu sagen, dass sie auch keine Gewissheit in ihrer Grundannahme hat, dass Gott selbst Mensch geworden ist. Philosophisch betrachtet könnte dieses – im Übrigen gar nicht dogmatisierte – Ur-Dogma des Glaubens falsch sein. Gleichzeitig bildet es aber den Ausgangspunkt der hermeneutischen Arbeiten christlicher Theologie. Sollte aber dieses Ur-Dogma des Christentums auf einer Fehlinterpretation des Lebens Jesu beruhen, haben sich auch die Konzilien von Nizäa und Chalcedon getäuscht.

Selbstverständlich könnten sich auch der oder die Verfasser des Johannesprologs geirrt haben. In einem säkularen Wissenschaftssystem sollte dies allen Theologen und Theologinnen bewusst sein.

Hoping: Ich muss widersprechen: Im Konzil von Nizäa wurde der Inkarnationsgedanke sehr wohl dogmatisiert. Es ging darum, ob der Logos, der in Jesus von Nazareth Mensch wurde, Gottes gleichwesentliches Wort ist – das heißt sein ewiger Sohn – oder ob in ihm das erste Geschöpf Gottes, der aus dem Nichts hervorgebrachte Logos, Wohnung genommen hat, wie Arius behauptete.

Striet: Ich muss mich präzisieren. Ich meinte das Faktum als solches. Bezogen auf die Frage, *was* dogmatisiert worden ist, gebe ich Helmut Hoping völlig recht.

Hoping: Dann haben wir aber schon einmal ein Dogma, das nicht unter Revisionsvorbehalt steht. Es gibt aber nicht nur dieses eine. Und hier beginnen dann die Diskussionen, bis in den Synodalen Weg hinein. Gibt es über die trinitätstheologischen und christlogischen Dogmen der ersten fünf Jahrhunderte hinaus keine unaufhebbaren dogmatischen Entscheidungen? Ich meine wohl, etwa die Lehre von der Transsubstantiation von Brot und Wein, um nur ein Beispiel zu nennen.

Wie viel Eindeutigkeit braucht es in der Lehre?

Wie viel Eindeutigkeit ist aber ausgehend vom Glaubensbekenntnis darüber hinaus möglich und wie viel Eindeutigkeit ist notwendig?

Hoping: Wenn wir auf der Grundlage der Offenbarung Gottes in Jesus von Nazareth, der Menschwerdung des ewigen Sohnes des Vaters, Theologie betreiben, muss es prinzipiell möglich sein, diesen Glauben definitiv zur Sprache zu bringen. Natürlich geschieht dies immer in historischen Konstellationen, und im besten Fall erfolgen Dogmatisierungen nur, wenn es unabwendbar ist und theologische Kontroversen zu entscheiden sind – was bei den Mariendogmen von 1854 und 1950 im Übrigen nicht der Fall war.

Striet: Was soll hier definitiv heißen?

Hoping: Dass man hinter diese Entscheidungen nicht mehr zurückkann.

Striet: Wer?

Hoping: Die Kirche.

Striet: Die Kirche tut das ja auch gar nicht.

Hoping: Aber Küng beispielsweise hatte die Kirche aufgefordert, dies mit Blick auf Nizäa zu tun, und andere fordern, sich von der Lehre vom peccatum originale zu verabschieden.

Striet: Aber es gibt doch eine große Pluralität von Auslegungen dogmatischer Entscheidungen – und dann gibt es auch noch Entscheidungen, die inzwischen schlicht nicht mehr rezipiert werden.

Hoping: Dogmatische Entscheidungen sind das eine, Dogmenhermeneutik das andere. Es war Karl Rahner, der sagte, man könne hinter dogmatische Entscheidungen nicht zurück-, sehr wohl aber über sie hinausgehen. Das ist ein typischer Rahner-Satz, der aber in die richtige Richtung weist. Dogmatische Entscheidungen sind definitive Punktsetzungen, wie George Steiner das einmal formuliert hat. Dass sie eine geschichtliche Genese haben, hebt nicht ihre Verbindlichkeit auf, fordert aber eine entsprechende Hermeneutik, die neben ihrem historischen Kontext auch das heutige Denken berücksichtigen muss.

Striet: Genau hier liegt doch der heikle Punkt. Möglicherweise gelangt ein auch noch so angestrengtes hermeneutisches Bemühen irgendwann an seine Grenze. Historisch betrachtet kommt die katholische Kirche derzeit in eine neue geschichtliche Situation. Und zwar deshalb, weil die auf dem Ersten Vatikanischen Konzil definierte Unfehlbarkeitsselbstzumutung des außerordentlichen Lehramtes des Guten doch zu viel gewesen sein könnte, zumal man dann diese Kompetenz in den Streitigkeiten nach dem Zweiten Vatikanischen Konzil immer stärker auf das ordentliche Lehramt ausgedehnt hat. Nicht-Akzeptanz als solche verbürgt zwar noch nicht normative Richtigkeit. Aber sie sollte zu denken geben.

Hoping: Das unfehlbare Lehramt des Papstes ex cathedra wurde nach dem Ersten Vatikanum faktisch ja erst einmal, nämlich 1950 bei der Definition der leiblichen Aufnahme Marias in den Himmel, in Anspruch genommen, und davor – gleichsam im Vorgriff auf die Definition des Ersten Vatikanischen Konzils – 1854 bei der Definition der unbefleckten Empfängnis Mariens. Die zentrale Frage heute ist eher die Lehrautorität der Konzilien und der kontinuierlichen Lehre der Kirche in ihrem ordentlichen Lehramt. Ein Beispiel ist die Feststellung Johannes Pauls II. in seinem Schreiben Ordinatio Sacerdotalis aus dem Jahr 1994, dass die Kirche nicht befugt sei, Frauen das Sakrament der Priesterweihe zu spenden. Dabei hat Johannes Paul II. nicht sein unfehlbares Lehramt ex cathedra in Anspruch genommen, sondern erklärt, dass die Kirche an die Praxis und Lehre, an der sie über Jahrhunderte festgehalten hat, definitiv gebunden ist.

Striet: Ja, aber ebenfalls interessant ist, ich hatte es bereits angedeutet, dass der damalige Präfekt der Glaubenskongregation, Kardinal Joseph Ratzinger, im Nachklang zu Ordinatio Sacerdotalis den Unterschied zwischen Aussagen des ordentlichen und des außerordentlichen Lehramtes mehr oder weniger eingezogen hat. Mein Vorschlag auf die Zukunft hin lautet, künftig lieber über diskursive Prozesse in der Kirche zu reden, die zu Entscheidungen geführt haben und die auch wieder korrigiert werden können. Man darf dies, wenn sich bessere Gründe aufdrängen. Ich würde auch eine solche Denkumstellung Lehrentwicklung nennen.

Lehrentwicklung in der katholischen Kirche

Herr Hoping, inwiefern ist eine solchermaßen vorgenommene Fortschreibung der Lehre innerhalb der katholischen Kirche möglich?

Hoping: In der Offenbarungskonstitution Dei Verbum des Zweiten Vatikanischen Konzils erklären die Konzilsväter in Nummer 8, dass die apostolische Überlieferung sich in der Kirche unter dem Beistand des Heiligen Geistes weiterentwickelt, sofern das Verständnis der Überlieferung wächst. Die klassische Dogmengeschichte hat sich vor allem mit der Genese dogmatischer Entscheidungen beschäftigt. Nötig ist aber zugleich die Dogmenhermeneutik. Und unter bestimmten Bedingungen kann man auch mit Blick auf die Hermeneutik dogmatischer Aussagen von Lehrentwicklung sprechen. Denn die Lehre der Kirche muss unter heutigen Bedingungen erschlossen werden.

Und zwar?

Hoping: Ein Beispiel wäre die schon angesprochene Eucharistielehre. Wenn man sagt, dass die Transsubstantiationslehre eine angemessene begriffliche Fassung der somatischen Realpräsenz Christi in der Eucharistie ist, folgt daraus nicht, dass man diese nur substanzmetaphysisch wie bei Thomas von Aquin verstehen kann. Heute steht uns der philosophisch-theologische Begriff der Substanz aus jener Zeit nicht mehr zur Verfügung. Wenn man den chemischen Substanzbegriff nimmt, verändert sich durch die Konsekration von Brot und Wein nichts. Der katholische Philosoph Robert Spaemann hat vorgeschlagen, von der Substantiation des erhöhten Herrn mit seiner verklärten Leiblichkeit in den Gaben von Brot und Wein zu sprechen. Andere haben es mit einer relationalen Ontologie jenseits der traditionellen Substanzmetaphysik versucht. Eine Revision dogmatischer Entscheidungen im Sinne ihrer Aufhebung ist keine authentische Lehrentwicklung oder Fortschreibung der Lehre.

Striet: Die Transsubstantiationslehre ist nicht dogmatisiert worden. Das ist wichtig festzuhalten.

Hoping: Dogmatisiert wurde sie schon, aber nicht einfach die damit verbundene Substanzontologie.

Striet: Ja, aber um es nochmals zu sagen: Dogmatisiert wurde die Annahme einer Realpräsenz Christi unter den Zeichen von Brot und Wein, nicht aber die Denkform. Das war eine kluge Entscheidung.

Hoping: Richtig. Oft wird nicht gesehen, dass nicht die Denkmodelle oder die Sprachformen als solche definiert sind, sondern was mit ihnen ausgesagt werden soll, also etwa in der Trinitätslehre und Christologie mit den Begriffen Person, Hypostasis, Wesen, Natur und so weiter. Es bedarf der Verständigung darüber, was genau definiert wurde und was nicht.

Striet: Genau so ist es.

Hoping: Es gibt theologische Spielräume in der Glaubenshermeneutik. So kennt man beispielsweise verschiedene Möglichkeiten, von der göttlichen Trinität zu sprechen. Das heißt aber nicht, dass alle Denkformen und Modelle gleich gut geeignet sind, um bestimmte Glaubenseinsichten zu erläutern.

Striet: Klar. Es wurde deshalb aber immer auch korrigiert – und das bleibt eine Zukunftsaufgabe in der Kirche. Auch Praktiken wie dem bis heute angewendeten Exorzismus liegen bestimmte, historisch gewachsene theologische Denkwelten zugrunde. Aufgeklärte pastorale Mitarbeitende verweisen hoffentlich lieber auf die Kompetenzen psychiatrisch-psychologischer Institutionen.

Hoping: Der große Exorzismus gehört meines Wissens nicht zum depositum fidei.

Striet: Nur wer entscheidet darüber, dass die Vorstellung, ein Mensch könnte besessen sein durch böse Geister oder gar den Teufel, nicht doch zur Substanz des Glaubens gehört? Ich kann auch ein anderes Beispiel bringen. Die sogenannte Monogenismus-These behauptete die Abstammung aller Menschen von einem einzigen, von Gott geschaffenen Menschenpaar. Dogmatisch benötigt wurde diese These, um die Infizierung aller Menschen aufgrund der Sünde Adams durch den Sexualakt denken zu können. Inzwischen ist diese These verschwiegen fallengelassen worden.

Hoping: Der Monogenismus ist nie dogmatisch definiert worden. Und verschwiegen wurde der Abschied vom Monogenismus auch nicht. Paul VI. hat auf einem Kongress in Rom erklärt, dass die kirchliche Lehre vom peccatum originale an den Monogenismus nicht gebunden sei.

Striet: Aber was bedeutet das für die Dogmatik, wenn der Monogenismus, der über Jahrhunderte vertreten wurde, sich nicht mehr halten lässt? Er sollte doch die Denkbarkeit des augustinischen Erbsündenkonstrukts absichern.

Hoping: Der Monogenismus war Voraussetzung der traditionellen Gestalt der Erbsündenlehre. Der Gedanke eines peccatum originale hat aber auch ohne Monogenismus seine Bedeutung, wie vor allem Kant, Kierkegaard und Paul Ricœur gezeigt haben. Bei der Frage nach dem Verhältnis von Freiheit und Sünde besteht zwischen Magnus Striet und mir bekanntlich ein fundamentaler Dissens …

Striet: Immerhin wurde mit der Aussage von Paul VI. die augustinische Erbsündenkonstruktion in einem entscheidenden Punkt korrigiert.

Hoping: Auch das Konzil von Trient hatte nur Teile davon übernommen.

Striet: Da bin ich nicht so sicher. Jenes Konzil spricht doch sehr ausdrücklich davon, dass die Sünde Adams, so die Formulierung, durch Fortpflanzung, nicht durch Nachahmung übertragen werde. Das ist Augustinus pur. Wenn darauf bestanden wird, dass der Mensch faktisch das Böse tut, ist dies etwas erheblich anderes, als wenn behauptet wird, dass der Mensch von Geburt an – präziser: von seiner Zeugung an – heillos von der Sünde Adams infiziert ist. Möglicherweise erschließt eine Denkform der Freiheit neu, was die alte Erbsündenlehre ausdrücken wollte. Nur möglicherweise geschieht dies dann auch so neu, dass das zur Verabschiedung dogmatischer Denkgewohnheiten führt. Und möglicherweise wird das theologische Denken dann auch wieder biblischer.

Vom Ende einer Lehre

Lässt sich aber Inhalt und Ausformulierung einer Glaubenswahrheit so ohne Weiteres trennen? Was ist ein Dogma ohne seine Formulierung? Verändert sich dann aber nicht auch das Dogma durch eine Neuerschließung?

Hoping: Ein Dogma gibt es nicht ohne seine sprachliche Gestalt, und mit ihr gibt das Dogma, um es mit Ricœur zu sagen, der Theologie zu denken. Die Aufgabe der Theologie besteht darin, Dolmetscherin des Dogmas zu sein. Das ist vor allem ein hermeneutisches Geschäft. Es gibt aber in der Tat Lehren, die lange als fester Bestandteil des Lehrgebäudes der Kirche betrachtet wurden, später aber anders beurteilt und korrigiert werden. So erklärte Papst Benedikt XVI., dass der limbus puerorum zwischen Himmel und Hölle für die ungetauften Kinder, die noch nicht individuell gesündigt haben, keine verbindliche Lehre der Kirche ist, sondern eine über Jahrhunderte verbreitete theologische Lehrmeinung.

Striet: Nach der tatsächlich klugen Entscheidung von Benedikt XVI., die Vorstellung eines limbus puerorum aufzugeben, hat unser gemeinsamer, leider früh verstorbener Kollege Peter Walter die ebenfalls sehr kluge Frage gestellt, wo denn jetzt eigentlich die ungetauften Kinder seien, die früher im Limbus waren.

Hoping: Im Himmel.

Striet: Dann waren sie aber schon immer da. Nur muss man dann fairerweise daran erinnern, dass unendlich viele in diesen Gedankenwelten groß gewordene Eltern traumatisiert wurden, wenn ihre Kinder verstarben, ohne getauft zu sein. Oder aber sie behaupteten ihre Gotteszuversicht gegen die klerikale Doktrin.

Was folgt daraus für die Kriterien dafür, was heute mit Recht als gute christliche Lehre gelten darf?

Striet: Wenn der Limbus abgeschafft werden konnte, könnte man auch an anderer Stelle korrigieren. Wir hatten darüber gesprochen, dass Jesus von Nazareth ein Kind seiner Zeit war, und damit war er auch ein Kind seines soziokulturellen Umfeldes. Jesus kannte nicht das Konzept eines autonomen Moralbewusstseins, und ganz gewiss kannte er auch keine Selbstbestimmungsrechte im modernen Sinn. Er war nicht mit den philosophischen Debatten vertraut, die heute geführt werden. Wie auch? Mit Blick darauf, was normativ gelten und wirksam sein soll, treibt mich die Frage um, ob nicht eine Linie gezogen werden kann von den biblischen Reflexionsschüben zur heutigen Moralphilosophie, in der Selbstbestimmungsrechte normativ zentral gestellt werden. Immerhin hat kein Geringerer als Jürgen Habermas auf die egalisierende Wirkung der Vorstellung einer Gottebenbildlichkeit für ein säkulares, universales Menschenrechtsethos hingewiesen. Und der Kern dieses Ethos besteht nun einmal im Recht auf Freiheit. Wenn nun aber das Selbstbestimmungsrecht in der modernen Ethik als das fundamentale Recht des Menschen begriffen wird und es auch christliche Wurzeln hat, frage ich mich, warum man es nicht auch theologisch akzeptieren sollte.

Hoping: Aber es gibt Grenzen der Selbstbestimmung. Niemand hat ein Recht darauf, sein ungeborenes Kind abzutreiben, es handelt sich dabei um die Tötung unschuldigen menschlichen Lebens. Und es ist gut, dass die Kirche hier weiterhin unmissverständlich spricht, wo immer öfter vom Recht auf Abtreibung gesprochen wird.

Gilt das gleichermaßen für das Thema Empfängnisverhütung?

Hoping: Mit Blick auf die Empfängnis menschlichen Lebens frage ich mich tatsächlich, warum die katholische Kirche für alle Zeit die künstliche Kontrazeption verbieten muss. Es scheint sich, wenn ich das richtig einschätze, eine Modifizierung der Lehre von Humanae Vitae aus dem Jahr 1968 abzuzeichnen. Den Dammbruch sehe ich auch nicht in der künstlichen Kontrazeption, sondern in der In-vitro-Fertilisation, also der extrakorporalen Befruchtung, da sie die Grundlage bildete für die verwerflichen Experimente mit befruchteten Eizellen und die ethisch fragwürdige Leihmutterschaft.

Striet: In der Tat lassen sich Indizien dafür ausmachen, dass man beim Thema Empfängnisverhütung nun doch langsam korrigiert. Aber ich frage mich: Warum? Immerhin geht es bei Humanae Vitae um eines der Erbstücke des inzwischen heiliggesprochenen Johannes Paul II. Gibt man schlicht deshalb klein bei, weil man zur Kenntnis nehmen muss, für die Lehre weltweit keine Akzeptanz zu finden? Bösmeinende könnten jetzt behaupten, das sei billige Zeitgeistanpassung. Ich bin da milder und rechne damit, dass Gründe überzeugen können. Auch bei denen, die lehramtlich verantwortlich sind.

Vom christologischen Dogma zur Kirchenverfassung

Beschränkt sich also der Konsens mit Blick auf die zu bewahrende Substanz des Glaubens letztlich doch im Wesentlichen auf das christologische Dogma?

Hoping: Es geht beim Dogma keinesfalls nur um das christologische Dogma, sondern beispielsweise auch um die Kirchenverfassung, die göttlichen Rechts ist.

Striet: Echt? Aber wir wissen doch aus der historischen Forschung, dass diese sich erst allmählich so verfestigt hat und dann als göttlichen Rechts dargestellt wurde. Das hat doch Jahrhunderte gedauert.

Hoping: Auch das christologische Dogma ist geschichtlich entstanden. Die Grundlagen dafür aber liegen im Christusglauben des Neuen Testaments. Das hat seine Grundlagen im Apostelkollegium, den nachfolgenden späteren Leitungsdiensten der Bischöfe, Diakone sowie Presbyter und der Praxis, amtliche Leitungsdienste durch Handauflegung und Gebet zu übertragen.

Striet: Allerdings würden doch vermutlich viele Exegeten und Historiker sagen, dass es da viele Rückprojektionen auf biblische Zeiten gibt. Das ist zwar noch kein systematisches Argument. Möglicherweise gibt es jedoch eine homogene Entwicklung, die bis hin zum Ersten Vatikanischen Konzil führt und dennoch eine Fehlentwicklung darstellt. Man muss erst einmal zeigen, dass mit dem heiligen Ursprung im Christentum notwendig auch die hierarchisch-autoritäre Struktur der Kirche verbunden ist, die ihr Zentrum beim Bischof von Rom hat, der mit der Kirche bis in die letzten Christengemeinden verbunden ist und durchregieren soll.

Hoping: Das klingt nach dem evangelischen Verfallsschema des sogenannten Frühkatholizismus: Angefangen mit den Pastoralbriefen, so das Verdikt, sei die Kirche von ihrem Ursprung durch Etablierung einer heiligen Hierarchie abgewichen – eine Entwicklung, die schon im Neuen Testament angelegt sei und die erst Luther korrigiert habe. Nicht nur die katholische Kirche, sondern auch die Kirchen der Orthodoxie lehren dagegen, dass das sakramentale Leitungsamt zur konstitutiven, göttlichen Verfassung der Kirche gehört.

Striet: Wie wird apostolische Kontinuität denn hergestellt? Durch ununterbrochene Handauflegung?

Hoping: Die Handauflegung ist das Zeichen der apostolischen Sukzession. Sie darf darauf nicht reduziert werden, denn sie ist im Kern eine Sukzession im Glauben der Apostel. Es kann hier nicht um den vollständigen historischen Nachweis einer gültigen Sukzessionskette in jedem Einzelfall gehen. Die apostolische Sukzession aber ist Zeichen für die Treue zum Glauben der Apostel.

Striet: Jedoch frage ich mich, wie Sukzession verbürgt wird, wenn nicht historisch: offensichtlich doch über den gemeinsam geteilten Glauben. Wenn apostolische Sukzession vor allem darin gesehen würde, dass die Kirche sich inhaltlich-normativ entschieden auf den ethischen Imperativ Jesu und den Namen des Gottes Israels verpflichtet, wäre das doch eine wunderbare Aussicht. Einen Dissens zum Freiheitsprinzip der Moderne, wie es sich durch Kant inspiriert in einem ethischen Universalismus der Gegenwart findet, könnte ich dann nicht mehr ausmachen. Darüber hinaus würde das Amt in apostolischer Sukzession eine Hoffnung markieren, die kein Mensch einlösen kann: dass Gott den Geschundenen Gerechtigkeit widerfahren lässt, und dass er das, was die gelungene Identität von Menschen ausmacht, verewigt. Nur wäre das eine vollständig andere inhaltliche Füllung dessen, was gewöhnlich unter apostolischer Sukzession verstanden wird.

Fünftes Kapitel: Die Ämtertheologie angesichts der Neubewertung von Sexualität

Gerade mit Blick auf die Ämterfragen wird derzeit in der katholischen Kirche intensiv diskutiert und in der Auseinandersetzung sowohl auf das biblische Zeugnis als auch die Tradition der frühen Kirche zurückgegriffen. Zu den einfacheren Fragen dabei gehört der Zölibat. Herr Hoping, Sie selbst haben den Vorschlag gemacht, dass man auch verheiratete Männer zu Priestern weihen kann, die sogenannten Viri probati. Ist hier eine Weiterentwicklung der Lehre zu erwarten?

Hoping: Die Lebensform der Priester wurde im 19. Jahrhundert und seit dem Zweiten Vatikanischen Konzil immer wieder lebhaft debattiert. Obwohl der Zölibat eine sehr lange Tradition hat, geht es dabei nicht um eine dogmatische, sondern eine disziplinäre Regelung, besser gesagt, um eine bestimmte aszetische Lebensform, die als dem Priesteramt in der Nachfolge Jesu angemessen betrachtet wird. Ich rechne nicht damit, dass die Lebensform den Priestern in absehbarer Zeit einfach freigestellt wird. Es könnte aber dazu kommen, dass in einzelnen Ortskirchen auch Viri probati, das heißt in Ehe, Familie und Beruf bewährte Männer, etwa aus dem Kreis der ständigen Diakone, zu Priestern geweiht werden, sofern sie über die erforderlichen theologischen Kenntnisse verfügen. Dies war auch der Vorschlag, den ich zusammen mit dem Mainzer Pastoraltheologen Philipp Müller gemacht habe. Priester müssen für die Gläubigen erfahrbar bleiben, nicht nur am Sonntag bei der Feier der Messe. In den immer größer werdenden Seelsorgeräumen brauchen wir mehr Priester, darunter könnten auch Priester mit Zivilberuf sein.

Also keine grundsätzliche Möglichkeit für Priester zu heiraten?

Hoping: Ich fordere nicht die Abschaffung der zölibatären Lebensform für Priester. Diese Lebensform ist, sofern sie gelebt wird, ein wichtiges Zeichen in der Nachfolge Jesu, der selbst zölibatär lebte, ebenso wie der Apostel Paulus und viele nach ihm. Das Priesteramt ist bei uns aber zu einem Nischenberuf für einige wenige Männer geworden. Das damit verbundene Problem muss unabhängig vom Priestermangel diskutiert werden. Nicht nur dass der Zölibat oft nicht gelebt wird, ist ein Problem, sondern ebenso die zunehmende Homosexualisierung des Priesterklerus.

Zur Diskussion um homosexuell veranlagte Priester

Inwiefern?

Hoping: Der Jesuit Klaus Mertes schätzt, dass die Hälfte aller Priester, wenn nicht mehr, homosexuell ist. Ich denke, dass das stimmt, halte das aber für keine gute Entwicklung.

Würde sich das nicht zumindest teilweise ändern, wenn die katholische Kirche insgesamt auch offiziell ein entspannteres Verhältnis zum Thema Homosexualität ausprägen würde?

Hoping: Die Frage, ob homosexuelle Handlungen tatsächlich eine schwere Sünde darstellen, wie es der Katechismus der katholischen Kirche aus dem Jahr 1993 lehrt, ist das eine. Davon zu unterscheiden ist die Homosexualisierung des Priesterklerus. Zwar gibt es keinen inneren Zusammenhang zwischen Homosexualität und sexuellem Missbrauch, so wenig wie zwischen Zölibat und sexuellem Missbrauchs. Andererseits ist nicht zu bestreiten, dass es sich beim sexuellen Missbrauch durch Kleriker der katholischen Kirche in den meisten Fällen um erzwungene homosexuelle Handlungen an Minderjährigen handelt, so der Soziologe Franz-Xaver Kaufmann in einer Neuauflage seines Buches »Kirchenkrise«.

Striet: Wenn die empirischen Daten dies hergeben sollten, müsste man immer noch darüber nachdenken, warum das so ist.

Hoping: Die Daten des John-Jay-Reports aus dem Jahr 2006 für die USA, des Ryan-Reports für Irland aus dem Jahr 2009 und der MHG-Studie aus dem Jahr 2018 für Deutschland sind eindeutig. Rund drei Viertel aller Missbrauchsopfer sind Minderjährige männlichen Geschlechts.

Striet: Sicherlich gibt es einen, rein quantitativ betrachtet, erheblichen Anteil an homosexuell orientierten Priestern. Das ist für mich zunächst einmal überhaupt kein Problem. Worauf es meines Erachtens zunächst einmal ankommt: Man sollte endlich innerkirchlich akzeptieren, dass es ein variantenreiches und damit auch homosexuelles Erleben der eigenen geschlechtlichen Identität gibt. Das ist bisher nicht der Fall. Könnte es im Kleriker-Milieu eine gefährliche Mischung von Homophobie einerseits und einer Attraktionskraft dieser Kirche für homosexuell orientierte Männer andererseits gegeben haben und bis heute geben? Das Verhältnis zur Homosexualität ist lehramtlich zu entspannen, ja mehr noch: Es ist hier normativ umzudenken. Aber es wird schwierig bleiben. Noch der Vorgänger von Papst Franziskus, Benedikt XVI., hatte eingeschärft, dass Männer mit, so sagte er ausdrücklich, tiefsitzenden homosexuellen Neigungen nicht zum Priester geweiht werden dürfen. Schon diese Formulierung zeigt, wie wenig bereit der ehemalige Papst war, über Homosexualität nachzudenken. Gibt es nun homosexuell kurzfristig verirrte und pathologisch dauerhaft fixierte homosexuelle Männer? Und aufschlussreich genug ist, dass lehramtlicherseits kaum im Blick ist, dass es weibliche Homosexualität geben könnte. Immerhin aber gibt Ratzinger das Faktum zu, dass es homosexuelle Orientierungen gibt. Gerne wüsste ich nur von ihm, warum es diese gibt. Liegt hier ein ursprünglicher Schöpfungsdefekt vor? Oder muss homosexuelles Begehren auch als Folge einer Hybris Adams interpretiert werden? Das ist doch alles absurd.

Grundsätzlich gilt tatsächlich bezogen auf die Daten, die ich kenne, dass es keinen unmittelbaren Zusammenhang von Homosexualität und Kindesmissbrauch gibt – so wie es diesen auch nicht zwischen Zölibat und Missbrauch gibt. Was es aber gibt, ist eine Verdrängung von sexuellen Bedürfnissen, die schließlich nicht mehr verdrängt werden können. Und es gibt kernpädophil fixierte Männer, die ganz bewusst Strategien verfolgen, um sich an Minderjährigen zu vergehen. Das Feld einer durch Männer betriebenen Seelsorge kann deshalb aufgrund des Machtgefälles, das dort herrscht, zu einem gefährlichen Ort werden. Überall, wo starke Machtgefälle herrschen, ist dies der Fall, in einer spezifischen Weise in der katholischen Kirche.

Manche nicht heterosexuell veranlagten Priester hätten möglicherweise gar nicht das Priesteramt angestrebt, wenn sie innerhalb der katholischen Kirche zu ihrer Sexualität hätten stehen können und nicht in das Priesteramt flüchten müssten, um wegen des offiziell zu lebenden Zölibats der Frage auszuweichen, wann sie denn heiraten.

Hoping: Das bestätigt aber meine These, dass das Priesteramt zu einem Nischenberuf geworden ist, weil Männer nicht zu ihrer eigenen Sexualität stehen oder sie nicht reflektiert haben. Im Übrigen macht die Homosexualisierung des Klerus nicht beim Priesteramt Halt, sondern reicht bis in den Episkopat hinein. Unabhängig von der sexuellen Orientierung von Bischöfen werden heute reihenweise homosexueller Männer zu Priestern geweiht, obwohl dies untersagt ist. Man sollte sich auch klarmachen, dass das Versprechen des Zölibats, welches heterosexuelle und homosexuelle Priesterkandidaten bei ihrer Weihe zum Diakon ablegen, nicht dasselbe ist.

Warum sollte es verschieden sein?

Hoping: Auch wenn sich manche davon offensichtlich verabschieden wollen: Solange die Ehe nach katholischem Verständnis die lebenslange Verbindung von Mann und Frau ist, verzichten die einen Priesterkandidaten – um es zugespitzt zu sagen – auf Ehe und Familie, die anderen auf gleichgeschlechtlichen Sex. Das ist wohl kaum dasselbe, auch wenn heute die Tendenz besteht, Ungleiches gleich zu behandeln.

Der Missbrauchsskandal als Grund für Wandel

Stimmen Sie da zu, Herr Striet?

Striet: Es gilt sich insgesamt theologisch und kirchlich ehrlicher zu machen im Blick auf das Thema Sexualität, auch der Sexualität von Priestern. Priester sind sexuelle Wesen, und dass sie dies sind, wird auch durch die Weihe nicht aufgehoben. Alle bisher vorliegenden Studien zum sexuellen Missbrauch zeigen eindeutig, dass es einen massiven Klärungsbedarf gibt. Aber man soll sich auch nichts vormachen. Die MHG-Studie hierzulande und der globale Skandal sexualisierten Missbrauchs Minderjähriger – und Erwachsener – haben eine Krise offengelegt, die schon lange schwelte. Diese Krise geht so weit, dass es Stimmen gibt, die von einem Zusammenbruch des bisherigen Kirchensystems sprechen.

Hoping: Ich würde nicht von einem Zusammenbruch sprechen. Aber das Vertrauen in der Kirche ist massiv beschädigt. Und die Aufarbeitung des sexuellen Missbrauchs und seiner Vertuschung wird uns noch Jahre beschäftigen. Meine Frage ist, welche Rolle Klerikalismus bei sexuellem Missbrauch von Minderjährigen spielt. Man kann ja sehr klerikal sein, ohne Kinder zu missbrauchen. Sexueller Missbrauch setzt Machtverhältnisse voraus, das ist klar, aber noch mehr.

Was muss Ihrer Meinung nach hinzukommen, dass sexualisierte Gewalt angewendet wird?

Hoping: Zusätzliche Faktoren sind etwa eine unreife Sexualität, die Verdrängung der eigenen Sexualität, in nicht wenigen Fällen offensichtlich Ephebophilie, also das sexuelle Interesse an pubertierenden Kindern, oder Pädophilie. In allen Fällen gehört dazu eine pädokriminelle Energie, denn sexueller Missbrauch Minderjähriger ist wie Vergewaltigung eine schwere Straftat. Beides gibt es allerdings in allen gesellschaftlichen Teilsystemen.

Striet: Natürlich gibt es sexuellen Missbrauch auch sonst in der Gesellschaft. Aber diese traurige Feststellung darf nicht dazu führen, nun nicht mehr nach den spezifischen

Faktoren im katholischen System zu fragen. Und vor allem: Ich kenne keine andere Institution, die in den letzten Jahrzehnten derart mit dem moralischen Zeigefinger gearbeitet hat und deshalb jetzt auch zu Recht am Pranger steht, weil ihr offensichtlich das Kindeswohl nicht so wichtig, wenn nicht sogar gleichgültig war. Lieber schützte man die Brüder im Nebel, wie Kardinal Joachim Meißner sie nannte, vor dem strafrechtlichen Zugriff, als dass man Lebensrealitäten akzeptieren und würdigen wollte.

Missbrauch, den es auch im Raum der katholischen Kirche immer geben wird, ist das eine. Das andere ist die Vertuschung durch Amtsträger. Welche zusätzlichen Anfragen an die Ämtertheologie ergeben sich aus diesem Phänomen?

Striet: Es ging um den Schutz des Systems und darum, nicht nur ein bestimmtes Priesterbild, sondern eine bestimmte Funktion des Priesters zu stabilisieren. Der geweihte Priester sollte in seiner Person die Wahrheit gegenüber einer von Gott abgeglittenen Moderne darstellen. Sozialpsychologisch hatte man aber auch noch mit einem ganz anderen Problem zu kämpfen: Wenn über viele Jahre geprüfte Weihekandidaten, die nach einer angeblichen Befragung des Volkes und der Verantwortlichen für würdig befunden werden, sich dann als sexualpathologisch fixiert oder als unreif erweisen und solche Straftaten begehen, muss dies das Leitungssystem Kirche erschüttern. Aber anstatt zu reagieren und einzugreifen, hat man das System weiter stabilisiert.

Hoping: Die Vertuschung sexuellen Missbrauchs ist mindestens so skandalös wie der Missbrauch selbst. Denn es wurde vertuscht, um das Ansehen der Kirche und des Klerus zu wahren. Man schützte die Täter und nicht die Opfer. Teilweise glaubte man, das Problem sexualtherapeutisch lösen zu können. In der Vertuschung durch Bischöfe zeigt sich meines Erachtens mehr Klerikalismus als beim Missbrauch selbst. Persönliche Verantwortung für Vertuschung übernehmen Bischöfe bis heute in der Regel nicht. Kardinal Reinhard Marx hat zwar dem Papst seinen Rücktritt angeboten, sprach aber vor allem von systemischen Ursachen des sexuellen Missbrauchs und seiner Vertuschung. Franz-Josef Bode, seit 1995 Bischof von Osnabrück, weigert sich beharrlich, dem Papst seinen Rücktritt anzubieten, obwohl der dienstälteste deutsche Ortsbischof für eine ganze Reihe von Vertuschungen verantwortlich ist. Er kommt damit in Kirche und Medien durch, weil er sich als Reformbischof gibt. Meiner Meinung nach können Priester, die Kinder und Jugendliche sexuell missbraucht haben, nicht im Amt bleiben. Sie dürfen nie wieder an einem Altar stehen. Die Praxis war und ist eine andere. Und Bischöfe, die sexuellen Missbrauch vertuscht haben, gehören abgesetzt. Die Praxis war und ist auch hier eine andere. Ich frage mich: Warum handelt Papst Franziskus nicht bei Bischöfen, die nachweislich vertuscht haben und noch im Amt sind?

Warum das sexuelle Selbstbestimmungsrecht anerkannt werden muss

Striet: Karl Kardinal Lehmann hat, nachdem in Boston der Missbrauchsskandal durch die freie Presse öffentlich gemacht worden war, noch gemeint, Missbrauch durch Kleriker sei kein deutsches Phänomen. Das muss man erst einmal erklären, war dies doch nicht der erste Skandal, der in die Öffentlichkeit gelangte. Die Wahrheit ist: Es hat immer sexuellen Missbrauch von Kindern und Jugendlichen durch Kleriker gegeben. Die Mehrzahl der Missbrauchstaten in Deutschland seit dem Zweiten Weltkrieg hat sogar vor 1968 stattgefunden. Deshalb ist schon aus historischen Gründen die noch 2019 von Joseph Ratzinger vertretene Behauptung blanker Unsinn, es sei der Einfluss der 68er-Bewegung und damit die Liberalisierung der Sexualmoral gewesen, die verantwortlich für Missbrauch durch Priester sei. Rückblickend betrachtet war es deshalb aber kein Zufall, dass Benedikt XVI. auf dem Höhepunkt der Missbrauchskrise 2010 ein Jahr des Priesters ausgerufen hat und ausgerechnet den Pfarrer von Ars, diese als katholische Figur der Gegenmoderne inszenierte Figur, zum Patron der Priester erklärt hatte. Es war aus seiner Perspektive wohl überlegt.

Hoping: Was ist das Problem des Priesters Jean-Marie Vianney?

Striet: Er ist eine frühe Gallionsfigur der katholischen Gegenmoderne, die in der Verurteilung grundlegender Menschenrechte mündete.

Hoping: Richtig ist, dass der Pfarrer von Ars 1905 in der Zeit des katholischen Antimodernismus von Pius X. seliggesprochen wurde. Jean-Marie Vianney dürfte aber viel zu einfältig gewesen sein, als dass er sich mit Fragen der Menschenrechte beschäftigt oder diese verurteilt hätte.

Striet: Das habe ich auch nicht gesagt. Dafür sind Päpste zur Verantwortung zu ziehen. Aber wenn Benedikt XVI. genau auf diese Figur zurückgreift, dann reiht er sich in diese Tradition ein. Mit Autonomie konnte Joseph Ratzinger noch nie etwas anfangen, und mit der Vorstellung von sexuellen Selbstbestimmungsrechten ganz bestimmt nichts. Deshalb hatte man auch überhaupt nicht die Möglichkeit, entschieden gegen sexuellen Missbrauch vorzugehen, selbst wenn man das Problem erkannt hatte.

Hoping: Es war Benedikt XVI., der nach dem Pontifikat von Johannes Paul II. entschieden gegen Missbrauchspriester vorgegangen ist und viele von ihnen laisiert hat.

Striet: Es stimmt, dass Joseph Ratzinger während seiner Zeit als Präfekt der Glaubenskongregation das Problem sexuellen Missbrauchs durch Kleriker energischer bearbeitet sehen wollte als der Papst aus Polen. Im Übrigen gibt es auch nach den neuen Bestimmungen des Codex Iuris Canonici von 2021 immer noch keine Anerkennung sexueller Selbstbestimmung, die zur Verurteilung der Täter führt – auch wenn Minderjährige diese im strengen Sinne noch gar nicht besitzen. Am Ende ist es bis heute die Verletzung des Zölibatsversprechens, die als Verstoß gegen das sechste

Gebot sanktioniert wird. Das säkulare Strafrecht ist da ganz anders gefasst. Sexueller Missbrauch ist im Übrigen immer strafrechtlich verfolgt worden. Wenn teils kirchlicherseits auf die Reformpädagogik der Siebzigerjahre hingewiesen wird, trifft zwar zu, dass über die Freigabe von Sexualität mit Minderjährigen diskutiert wurde. Ins Recht gegossen wurden diese Forderungen – Gott sei Dank – nie.

Hoping: Benedikt XVI. würde doch nicht bestreiten, dass sexueller Missbrauch eine kriminelle Handlung ist.

Striet: Nein, das ist richtig. Aber er kennt kein sexuelles Selbstbestimmungsrecht.

Hoping: Es geht vor allem um den Schutz von Kindern und Jugendlichen vor sexuellem Missbrauch. Darin sind wir uns einig.

Striet: Und was und wer wurde geschützt?

Hoping: In der Vergangenheit vor allem der Priester und nicht die Opfer. Und das ist ebenso skandalös wie der sexuelle Missbrauch selbst.

Striet: Und nochmals: Wenn es zu sexuellem Missbrauch kam, wurde das kanonisch abgehandelt unter der Norm: Verstoß gegen das sechste Gebot.

Hoping: Das stimmt, aber wir wissen, dass dies so nicht mehr aufrechtzuerhalten ist. Wahr ist aber auch, dass es keinen von Priestern ausgeübten sexuellen Missbrauch gegeben hätte, wenn die Priester gelebt hätten, was sie versprochen haben: sexuelle Enthaltsamkeit.

Striet: Ich stimme zu: Aber hat der verpflichtende Zölibat nicht einen enorm hohen Preis gefordert? Gerade vor diesem Hintergrund ist es problematisch, dass bis heute Kindesmissbrauch durch Kleriker als Verstoß gegen das sechste Gebot sanktioniert wird. Mein schwerer Verdacht lautet, dass man bei der Verschärfung des kanonischen Strafrechts im Jahr 2021 römischerseits nur ja nicht den Begriff sexuelle Selbstbestimmung benutzen wollte, um dieses brutale Unrecht kirchenrechtlich zu sanktionieren. Schließlich hätten sich dann Personen gemeldet, die über ein entsprechendes Selbstbestimmungsrecht sehr wohl verfügen, aber nicht der römischen Geschlechteranthropologie entsprechen.

Augustinus und der Sex

Offensichtlich spielen hier mit Blick auf das Priesteramt auch Reinheitsvorschriften weiterhin eine dominante Rolle …

Striet: Augustinus hat den Eros tatsächlich nachhaltig vergiftet. Das Unkontrollierbare sexuellen Empfindens hat ihn zutiefst beunruhigt, und er hat dies auf die Sünde Adams zurückgeführt. Aus dem frühmönchischen Christentum stammend, wurde das Konzept der sexuellen Reinheit schließlich immer entschiedener auch von nicht der mönchischen Lebensform zugeordneten Priestern zu leben gefordert.

Hoping: Die zölibatäre Lebensform für Priester außerhalb des Mönchtums war zunächst ein Enthaltsamkeitszölibat in der Ehe. Ambrosius von Mailand und andere Bischöfe sollen durchaus erfolgreich gewesen sein mit ihrer Forderung, die Priester müssten nach der Weihe in ihrer Ehe enthaltsam leben. Doch die Bereitschaft dazu nahm mit der Zeit ab. Um die Jahrtausendwende wurde dann der Ehezölibat eingeführt.

Was folgt daraus?

Striet: Auch wenn die historischen Zusammenhänge komplexer gewesen sein mögen, bestätigt doch der Hinweis auf die geforderte Enthaltsamkeit in der Ehe, dass gelebte Sexualität theologisch negativ besetzt war. Ambrosius hat im Übrigen einen erheblichen Einfluss auf Augustinus gehabt. Das Sexuelle wurde in der antiken christlichen Welt schnell als von der Sünde infiziert pathologisiert. Historisch dagegen zu argumentieren, dürfte schwierig werden. Dem Judentum war eine negative Sicht auf das Sexuelle hingegen fremd, auch wenn selbstverständlich sozial reguliert wurde. Auch Jesus als Kind seiner Zeit dürfte kein negatives Verhältnis zur menschlichen Sexualität gehabt haben. Wie sollte er auch als frommer Jude? Endgültig Augustinus bildet einen Einschnitt. Das Erleben sexueller Triebhaftigkeit irritierte sein Ideal vollkommener Selbstbeherrschung, dem er lange gefolgt ist. Sich bereits im Zustand der Gnade beschreibend, bittet Augustinus in den »Confessiones« um noch ein wenig mehr Gnade, um im Schlaf keine unbeabsichtigten Samenergüsse mehr zu erleben. Aber das Biographische ist nur das eine, entscheidender ist seine Theologie, die enorm wirksam geworden ist.

Hoping: Die starke Fixierung auf das Sexuelle bei Augustinus dürfte kaum exemplarisch für die altkirchliche Theologie sein. Es gab Theologen, die weitaus weniger auf das Thema Sexualität fixiert waren als Augustinus, etwa Cyrill von Alexandrien, ein Zeitgenosse Augustins.

Striet: Ich habe über die westlichen Traditionen gesprochen. Wie sich jetzt nochmals bei Eberhard Schockenhoff studieren lässt, war bis weit ins 20. Jahrhundert der einzige erlaubte Zweck von Sexualität selbst noch in der Ehe die Zeugung von Nachkommenschaft. Johannes Paul II. wird hier zwar korrigieren, aber alle anderen Fragen von Sexualität weiterhin traditionell restriktiv behandeln.

Hoping: Schon das Zweite Vatikanische Konzil hat die Ehezwecklehre korrigiert. Primärer Ehezweck ist nicht mehr die Zeugung von Nachkommenschaft, auch wenn eine Ehe, wenn möglich, offen sein muss für Kinder, was ungewollte Kinderlosigkeit nicht ausschließt. Die katholische Kirche war in ihrer Vergangenheit nicht so leibfeindlich, wie Magnus Striet unterstellt, wenn er meint, der Zölibat resultiere aus der Verdrängung von Sexualität. Es geht um eine Lebensform in der Nachfolge Jesu, der zölibatär gelebt hat.

Striet: Exzeptionell hin oder her, die Gedankenwelt des Augustinus ist extrem wirksam geworden. Auch in puncto Sexualmoral.

Hoping: Natürlich ist Augustinus nicht nur mit seinen Stärken, sondern auch mit seinen Schwächen wirkmächtig geworden. Ich wehre mich nur gegen eine Pathologisierung des Zölibats.

Müsste man angesichts der enormen Spannung zwischen der kirchlichen Lehre und dem gelebten Leben, der faktischen Lebenswirklichkeit heute, diese nicht theologisch entschiedener reflektieren – und auch Konsequenzen daraus ziehen?

Hoping: Beim Bruch des Versprechens, zölibatär zu leben, handelt es sich tatsächlich nicht nur um Einzelfälle. Von den Bischöfen, die sehr wohl wissen, wie es um den Zölibat heute steht, ist Wahrhaftigkeit gefordert. Wie hoch darf der Preis der Heuchelei sein, den man für den Zölibat auf Dauer zu zahlen bereit ist? Die Frage des Zölibats stellt sich nicht nur wegen des Priestermangels.

Striet: Wie es um die Einhaltung des Zölibats steht, ist zunächst eine empirische Frage. Wenn ich Helmut Hoping richtig verstehe, ist er durchaus skeptisch, ob er tatsächlich gelebt wird. Aber ich kenne keine verlässlichen

Daten. Im Übrigen pathologisiere ich den Zölibat auch nicht grundsätzlich. Selbstverständlich gibt es Menschen, die gut allein leben können und auch wollen.

Neues kirchliches Arbeitsrecht

Wäre es aber nicht auch konsequent, wenn aus einer neuen, positiveren Sicht der Sexualität wie bei der Überarbeitung der Grundordnung für das kirchliche Arbeitsrecht auch den Amtsträgern größere Freiheiten zugestanden würden?

Hoping: Wenn das Arbeitsrecht tatsächlich, so wie angedacht, auch für Mitarbeiter im pastoralen Dienst geändert würde, hätte das wohl zur Konsequenz, dass demnächst Theologieprofessoren als wiederverheiratete Geschiedene weiter im Amt bleiben könnten. Und bei der Erteilung des Nihil obstat dürfte der Lebenswandel bald schon keine Rolle mehr spielen.

Striet: Ja klar. Und selbstverständlich müssten auch queere Menschen im Amt bleiben.

In diesem Zusammenhang gibt es immer wieder vergleichsweise kontroverse Diskussionen, die eine gewisse Nervosität verraten …

Striet: Mich entsetzt, dass man bis vor kurzem wiederverheiratete Geschiedene aus kirchlichen Arbeitsverhältnisse entfernt hat, und gleichzeitig sah man sich nicht dazu verpflichtet, konsequent einzugreifen, wenn Priester Kinder missbraucht hatten. Dies ging bis weit in das 21. Jahrhundert hinein so. Nur in Einzelfällen hat man ausnahmsweise gehandelt, obwohl es – dies hatte Joseph Ratzinger als Präfekt der Glaubenskongregation mühsam genug durchsetzen können – seit 2001 eine Meldepflicht von Missbrauchsbeschuldigten an seine Kongregation gab. Wir werden wohl nie erfahren, wie viele Fälle nicht gemeldet wurden.

Hoping: Mich würde es irritieren, wenn es in Zukunft für kirchliche Dienste und Anstellungsverhältnisse jedweder Art völlig unerheblich wäre, wie man lebt. Orthodoxie und Orthopraxie würden so völlig auseinanderfallen. Und wenn die Lebensform im Arbeitsrecht für kirchliche Mitarbeiter keine Rolle mehr spielt, stellt sich die Frage, ob dies nicht auch Auswirkungen auf die priesterliche Lebensform haben muss. Der Synodale Weg hat ja schon nachträgliche Befreiungen für Priester vom Zölibatsversprechen ins Spiel gebracht.

Striet: In der Tat ist es auf Dauer doch bedenklich, wenn das real gelebte Leben sich immer weiter von der offiziell geltenden Lehre entfernt. Nur bin ich mir nicht sicher, ob dies ein Gegenwartsphänomen ist oder nicht schon immer eine Kluft klaffte zwischen Lehre und Leben. Und dann gibt es möglicherweise auch gute Gründe dafür, dass Menschen sich nicht mehr an die Lehre des Katechismus halten. Deshalb muss man auch über die Veränderung der Lehre reden …

Hoping: Etwa bei der Ehelehre?

Striet: Es gibt doch Argumente dafür, dass beispielsweise homosexuelle Paare so in ihrer Lebensweise akzeptiert werden, wie sie leben: verbindlich, treu und glücklich. Warum soll dies dann nicht auch theologisch gutgeheißen werden? Wenn das Anpassung an den Zeitgeist ist, dann gerne.

Hoping: Aber es gibt doch wohl einen Unterschied zwischen einer heterosexuellen Ehe und einer homosexuellen Partnerschaft.

Striet: Dass aus einer homosexuellen Partnerschaft keine Kinder hervorgehen können, ist aus biologischen Gründen klar. Was allerdings die mögliche Qualität einer homosexuellen Partnerschaft angeht, sehe ich keinen Unterschied zu einer heterosexuellen. Selbstverständlich ist deshalb die derzeitige Diskussion über die Segnung gleichgeschlechtlicher Paare auch nur halbherzig. Konsequent ist es, die Frage nach dem Ehesakrament für alle verbindlich miteinander leben wollenden Menschen zu stellen.

Hoping: Die sakramentale Ehe für gleichgeschlechtliche Paare wird nicht allein von Magnus Striet gefordert, er ist allerdings einer der wenigen Theologen, die das auch offen aussprechen. Bischöfe und Theologen des Synodalen Wegs streuen den Gläubigen Sand in die Augen, wenn sie bestreiten, dass gottesdienstliche Segnungen gleichgeschlechtlicher Partnerschaften die Öffnung des Ehesakraments für alle Paare vorbereiten sollen.

Striet: Mir geht es da tatsächlich um das klare Wort. Gleichwohl sehe ich, dass man die Ebenen unterscheiden muss. Es gibt die Ebene der theologischen Auseinandersetzung, die teilweise auch nur im geschützten Raum staatlicher Fakultäten möglich ist. Die andere Ebene ist die des Politischen. Wenn man politisch etwas erreichen will, muss man überlegen, was man zum jeweiligen Zeitpunkt fordert, weil es darum geht, Mehrheiten zu beschaffen. Die Debatten auf dem Synodalen Weg könnten aber auch ein Indiz dafür sein, dass die Ungleichzeitigkeiten zu stark geworden sind. Politisch-taktische Halbherzigkeit wird sofort durchschaut.

Kernfrage Frauenordination

Ein zentrales Thema der aktuellen Debatten über die Ämtertheologie sind die Forderungen nach der Weihe von Frauen, wo es angesichts der Forderungen nach einem Diakonat der Frau, der immerhin auch von einigen Bischöfen aktiv gefordert wird, ähnliche Diskussionen gibt. Wäre eine Entscheidung für den Diakonat der Frau nur das Eingangstor zur Öffnung auch der übrigen Weiheämter für Frauen?

Striet: Tatsächlich bleibt ganz offensichtlich die Frage umstritten, ob wirklich nur ein Mensch mit dem biologischen Geschlecht eines Mannes die sakramentale repraesentatio Christi vollziehen und deshalb geweiht werden kann.

Hoping: Unabhängig von den Argumenten für und gegen die Frauenordination gibt es für dafür keinen Konsens in der Weltkirche. Und Papst Franziskus hat erklärt, dass die Tür für die Frauenordination nach der Entscheidung von Johannes Paul II. in seinem Apostolischen Schreiben Ordinatio Sacerdotalis geschlossen sei.

Striet: Der weltkirchliche Konsens besteht auch in anderen Fragen nicht. Die selbst auf der Bischofsebene zu beobachtenden Debatten zeigen doch aufschlussreich, dass es keine Einmütigkeit gibt. Wie will man überhaupt noch weltkirchlich mit dem Einmütigkeitsprinzip nach vorne kommen?

Hoping: Was heißt nach vorne kommen? Die Frage, wie definitiv die Entscheidung von Ordinatio Sacerdotalis ist, ob es sich dabei um eine unfehlbare Lehre der Kirche handelt oder nicht, wurde 1995 durch die Glaubenskongregation im Auftrag von Johannes Paul II. beantwortet: Die Lehre ist Teil des unfehlbaren, universalen Lehramtes der Kirche, von dem die Kirchenkonstitution des Zweiten Vatikanischen Konzils Lumen Gentium in Nummer 23 spricht. Diese Lehre gehört zum depositum fidei und ist von allen definitiv festzuhalten.

Striet: Zu funktionieren scheint diese Anweisung aber nicht. Meines Erachtens hinkt ohnehin die ganze Diskussion deshalb, weil immer gefragt wird, wer in persona Christi handeln kann, anstatt zunächst einmal zu fragen, was eine Person in persona Christi vergegenwärtigen und sakramental zusprechen soll. Eine historische Rekonstruktion ersetzt noch keine systematische Reflexion, kann aber dennoch wichtig sein. In den Anfängen der Kirche hatten Ämter jedenfalls zunächst eine rein funktionale Bedeutung. Und da die Gemeinden ihr Leben in patriarchal strukturierten Gesellschaften lebten, wurde diese Funktion selbstverständlich von Männern übernommen. Deshalb ist es für mich auch absurd, dass bezogen auf ein mögliches Frauendiakonat immer noch nach historischen Vorläufern gesucht wird. Was für eine normative Erschließungskraft hätten Diakoninnen, sollte es sie gegeben haben? Mein Vorschlag lautet, theologisch neu darüber nachzudenken, was überhaupt apostolische Sukzession bedeutet – und welche Konsequenzen dann bezogen auf die Frage zu ziehen sind, welche Personen diese amtlich repräsentieren sollten. Ob das biologische Geschlecht dann noch entscheidend ist, wage ich zu bezweifeln. Sollten nicht vielmehr diejenigen das Amt übernehmen, die freimütig wie der Jude Jesus den Gott Israels verkünden, und praktizieren, die die Zusage Jesu und damit Gottes selbst den Menschen diakonal und sakramental durch ihre Person zusprechen wollen und so die Sakramentalität der Kirche verkörpern?

Hoping: Die These von der anfänglich rein funktionalen Bedeutung des Bischofs-, Priester- und Diakonenamtes kann man historisch kaum aufrechterhalten. Wie erklärt man dann die Ordination durch Handauflegung und Gebet, den Status als Amtsträger mit entsprechenden Insignien schon in der frühen Kirche, den Bischöfen, Presbytern und Diakonen vorbehaltenen priesterlichen Dienst am Altar, von dem Frauen, auch die Diakonissen, ausgeschlossen waren. Die entscheidende Begründung dafür, dass die katholische Kirche wie die Kirchen der Orthodoxie nur Männern das Weihesakrament spendet, ist neben dem Traditionsargument die Sakramentalität der Kirche, deren Haupt Jesus Christus ist, der mit Leib und Seele von den Toten auferstanden ist. Es gehört zur sakramentalen Struktur der Kirche, dass zwischen dem erhöhten Herrn und den geweihten Amtsträgern, die ihn in der amtlichen Verkündigung und in den zentralen sakramentalen Feiern repräsentieren, eine natürliche Ähnlichkeit besteht, wobei ich mir bewusst bin, dass dieses Argument mehrere anthropologische und christologische Voraussetzungen hat, die heute vielfach bestritten werden. Gerade deshalb reduzieren auch Theologinnen und mit ihnen einige Bischöfe die Menschwerdung Gottes darauf, dass Gottes ewiger Sohn menschliche Natur angenommen hat. Es heißt im Credo allerdings: et homo factus est. Und dieser Mensch war kein anderer als der Junge, den Maria geboren hat, weshalb sie auch als Gottesgebärerin verehrt wird. Eine menschliche Natur existiert nicht an sich und wird auch nicht geboren, zur Welt kommt immer ein konkreter Mensch.

Sechstes Kapitel: Die Rolle der Bischöfe und die Rolle der Theologen

Wie könnten denn am Ende all diese Streitfragen innerhalb der katholischen Kirche entschieden werden? Zuletzt wurde wieder intensiver darüber gestritten, welche Rolle Theologen bei der Lehrentwicklung spielen. Sie sind da eher skeptisch, Herr Hoping …

Hoping: Das Dokument »Die Synodalität in Leben und Sendung der Kirche« der Internationalen Theologenkommission aus dem Jahr 2018 unterscheidet zwischen decision making und decision taking. Entscheidungen müssen vorbereitet werden, und darin können auch solche, die selbst nicht Entscheidungsträger sind, im Sinne des decision making beteiligt werden. Die Kompetenz, selbst zu entscheiden, das decision taking, liegt aber allein bei den Bischöfen und dem Papst. Letztverbindliche Entscheidungen trifft allein das Kollegium der Bischöfe in der Einheit mit dem Papst beziehungsweise der Papst als Lehrer der Kirche in seinem außerordentlichen Lehramt.

Zur Rolle der Bischöfe

Worum geht es dabei Ihrer Meinung nach vor allem?

Hoping: Wenn die Gemeinschaft der Bischöfe zusammen mit dem Papst kontinuierlich eine Lehre als unfehlbar vorträgt, ist sie definitiv. Wenn einzelne Bischöfe davon abweichend etwas anderes lehren, zum Beispiel in der Frage der Frauenordination, befinden sie sich im Dissens zum Papst und dem weltweiten Kollegium der Bischöfe. Bei der Frauenordination können Bischöfe vor Ort keine Fakten schaffen. Sie wären die längste Zeit Bischöfe gewesen, würden sie versuchen, Frauen zu Priestern zu weihen. Dagegen werden heute dann Fakten geschaffen, wenn Bischöfe den Eindruck haben, Rom werde sich nicht einschalten. So tolerieren Bischöfe Segnungsfeiern für gleichgeschlechtliche Paare oder forcieren sie gar, wie der Bischof von Limburg, Georg Bätzing. Franz-Josef Overbeck, Bischof von Essen, beauftragt Frauen im pastoralen Dienst mit der feierlichen Spendung der Taufe, obwohl es keinen erkennbaren Mangel an Priestern und Diakonen gibt.

Striet: In der Tat ist derzeit zu beobachten, dass Fakten geschaffen werden. Auch durch Bischöfe. Dies geschieht möglicherweise deshalb, weil sie gehörig unter Druck stehen. Nur könnte es ja auch sein, dass sie einen Lernprozess durchgemacht haben. Man könnte unterstellen, dass Bischöfe insofern Verantwortung übernehmen, als sie selbst nicht mehr von dem überzeugt sind, was offizielle Lehrmeinung ist. Das römische Prinzip von Befehl und Gehorsam scheint jedenfalls nicht mehr zu funktionieren.

Hoping: Es geht nicht um Befehle, sondern um die Verantwortung, die Ortsbischöfe nicht nur für ihre Diözese haben. Sie haben auch Sorge zu tragen für die Gesamtkirche. Lumen Gentium, Nummer 23, sagt ausdrücklich:

Alle Bischöfe müssen die Einheit des Glaubens und die der ganzen Kirche gemeinsame Ordnung fördern und schützen.

Striet: Möglicherweise ist dies in der Kirche so, ich will das nicht beurteilen. Verkürzt man den Blick nicht auf die Kirche, wird man nüchtern feststellen müssen, dass geschichtliche Innovationen immer auch davon abhängig waren, dass mutige Menschen sie vorangetrieben haben. Dies gilt zwar auch im Negativen. Durch dieses Argument würde ich mich in meiner grundsätzlichen Sicht aber nicht beeindrucken lassen.

Zur Rolle der Theologen

Was ist dann aber auf der anderen Seite die Rolle der Theologen und Theologinnen?

Hoping: Theologen und Theologinnen haben als Einzelpersonen ein wissenschaftliches Lehramt inne, aufgrund ihrer akademischen Ausbildung und ihrer Fachexpertise sowie einer Venia legendi, wobei für die Berufung in ein Professorenamt ein römisches Nihil obstat erforderlich ist. Vom Lehramt der Theologen ist das durch Weihe übertragene kirchliche Lehr- und Leitungsamt der Bischöfe zu unterscheiden. Es gibt kein doppeltes kirchliches Lehramt. Wer sich dafür auf Thomas von Aquin beruft, zeigt nur, dass er – mit Verlaub – keine Ahnung davon hat, was dieser über das Lehramt der Theologen und der Bischöfe geschrieben hat. Für Thomas haben nur die Bischöfe und der Papst die Kompetenz, in Lehrfragen Entscheidungen zu treffen.

Striet: Von der Theorie und von dem her, was die Instruktion Donum Veritatis aus dem Jahr 1990 zur kirchlichen Berufung der Theologen schreibt, ist mir das von Helmut Hoping Ausgeführte klar. Aber als nüchterner Beobachter muss ich doch zunächst festhalten, dass es auch im Episkopat in vielen Fragen keine Einigkeit mehr gibt. Und das ist durchaus nicht nur ein deutsches Phänomen, sondern ebenso in Frankreich, den USA und in lateinamerikanischen Ländern.

Hoping: Dass es teilweise einen Dissens unter Bischöfen einer Bischofskonferenz gibt, ist nicht zu bestreiten. Aber in Glaubensfragen entscheidet nicht die Mehrheit einer Bischofskonferenz, sondern das Gesamtkollegium der Bischöfe in der Einheit mit dem Papst, und zwar nach dem Prinzip der Einmütigkeit, oder der Papst *als* Lehrer und Hirte der Kirche. Die Aufgabe der Theologen und Theologinnen ist die wissenschaftliche Reflexion des Glaubens. Für eine authentische, das heißt verbindliche Auslegung der Glaubensüberlieferung und die Weitergabe des Glaubens, für Glaubenskatechesen und Evangelisierung sind die Bischöfe zuständig, die dabei natürlich Theologen und Theologinnen beteiligen können.

Striet: Ich stimme zu, dass dies nicht die genuine Aufgabe von Theologen und Theologinnen ist. Nur ob die Bischöfe dieser Aufgabe wirklich noch gerecht werden … Zudem bricht an dieser Stelle eine sehr grundsätzliche Frage auf. Bischöfe haben, bevor sie zu Priestern geweiht wurden, ein Theologiestudium durchlaufen. Wenn die primäre Aufgabe der Verkündigung bei den Bischöfen liegt, so fragt sich doch: Was anderes wollen sie verkündigen als das, was sie innerhalb des Theologiestudiums gelernt haben und mit Gründen selbst verantworten können? Oder muss man sich das Konzept authentischer Lehrverkündigung so vorstellen, dass mit der Weihe den Bischöfen ein zusätzliches Glaubenswissen zur Verfügung steht? Man schaue sich nur einmal einen der wirksamsten Theologen der letzten siebzig Jahre an: Joseph Ratzinger. Wenn ich dessen Texte lese, die er als Bischof und als Papst verfasst hat, ähneln sie doch inhaltlich sehr den Texten, die er als wissenschaftlich arbeitender Theologe verfasst hat. Jetzt kann man natürlich sagen, er habe eben als Theologe das bereits mit guten Gründen gelehrt, wofür er dann in kirchlichen Ämtern eingestanden ist. Nur irritiert mich dann wiederum sehr, wie es dazu kommen konnte, dass andere Päpste zu gravierenden theologischen Fehleinschätzungen gekommen sind. Ich erinnere an die Verurteilung grundlegender Menschenrechte. Manchmal beschleicht mich der Verdacht, dass auch Bischöfe und Päpste nur die Theologie in ihren Ämtern vertreten, die sie immer schon überzeugt hat.

Hoping: Es behauptet niemand, dass die Weihe zum Priester oder zum Bischof eine Person zu einem besseren Theologen macht.

Striet: Sondern? Übt der Heilige Geist seine Wirksamkeit unabhängig von der theologischen Kompetenz des Geweihten aus?

Hoping: Natürlich ist der Heilige Geist, der bei der Weihe angerufen wird, wirksam. Mit der Weihe wird neben der Weihevollmacht auch die zum Amt gehörende Jurisdiktionsvollmacht übertragen. Der Heilige Geist bedarf allerdings, um im Leben des Geweihten wirksam zu sein, der Mithilfe. Entscheidend ist, dass der Bischof ein guter Hirte ist und sich theologisch und kanonistisch, wo es nötig ist, beraten lässt, gerade in schwierigen Fragen. Und er sollte sich nicht einseitig beraten lassen, sondern auch die andere Seite hören und bedenken.

Striet: Aber dann hat doch der Synodale Weg der katholischen Kirche in Deutschland wirklich kluge Beratungsstrukturen geschaffen. Eine ausreichende Anzahl von Bischöfen hatte offensichtlich gesehen, dass sie sich beraten lassen müssen, und dass sie auch Expertise aus der wissenschaftlichen Theologie einbinden sollten, weil an Fakultäten in Deutschland theologische Kompetenz vorgehalten wird. Damit ist hier doch genau passiert, was Helmut Hoping einfordert.

Hoping: Es kommt aber auf die Auswahl der Theologen und Theologinnen an und die wurde vom Präsidium des Synodalen Weges erkennbar in eine Richtung gelenkt.

Striet: Man kann natürlich immer über die Auswahl streiten. Nur ist das bei der Bildung aller Expertenräte der Fall. Das sind normale Aushandlungsprozesse in liberal-repräsentativen Demokratien, die möglicherweise auch im Vorfeld des Synodalen Wegs zum Zuge gekommen sind.

Hoping: Mir ist ganz neu, dass es sich beim Präsidium des Zentralkomitees der deutschen Katholiken und der Deutschen Bischofskonferenz um demokratische Einrichtungen handelt …

Striet: Umgekehrt kann man kaum behaupten, dass in früheren Zeiten in der katholischen Kirche nicht auch Berater nach Konformitätsgesichtspunkten ausgewählt wurden.

Siebtes Kapitel: Wie hilfreich ist der Synodale Weg?

Vor allem um den und auch auf dem Synodalen Weg wurde in den vergangenen Jahren innerhalb des deutschen Katholizismus viel gestritten. Was kann er im Zusammenhang der aktuellen Reformanliegen in der katholischen Kirche leisten – und was nicht?

Hoping: Damit sind wir bei der Frage, wie man ganz konkret zu theologischen Erkenntnissen und zu Entscheidungen kommt. Und hier haben das theologische Lehramt und das Lehramt der Bischöfe unterschiedliche Aufgaben. So wie wir zwischen Juristen und Richtern unterscheiden, müssen wir ähnlich auch zwischen Theologen und Bischöfen unterscheiden. In Fragen des Glaubens können Aushandlungsprozesse, wie wir sie aus der Politik kennen, nicht zu Entscheidungen führen.

Striet: Meines Erachtens hat es in der Kirchengeschichte nie etwas anderes als Aushandlungsprozesse gegeben, die deshalb zu Entscheidungen führten, weil entschieden werden musste. Sie können sich heute nur anders ausgestalten, als dies in vergangenen Jahrhunderten der Fall war.

Hoping: Wenn ich von Aushandlung spreche, meine ich gesellschaftliche und parlamentarische Prozesse, in denen Mehrheiten organisiert werden. Über Glaubensfragen, so Papst Franziskus, kann aber nicht per Mehrheitsentscheid abgestimmt werden. Es geht um Einmütigkeit. Einmütigkeit heißt nicht zwingend Einstimmigkeit, ist aber etwas anderes als einfache Mehrheit oder Zweidrittelmehrheit.

Striet: Kardinal Walter Kasper betont jetzt auch, eine Synode sei kein Parlament. Aber ich würde gerne wissen, was sie denn sonst sein soll: nicht ein Ort, an dem gestritten und schließlich abgestimmt wird? Jede Rede von Offenbarung kann nur die Rede von einer geglaubten Offenbarung sein. Schon der kirchlich gemeinsam geteilte Glaube daran, dass Gott sich im Leben Jesu selbst geoffenbart hat, geht faktisch auf einen Aushandlungsprozess zurück. Und erst recht das, was kirchlich angenommen wird, was er von uns will. Das aber darf nicht in Konflikt zu dem geraten, was wir autonom ausgehandelt haben. In einer liberalen Gesellschaft besteht ein Recht auf Selbstbestimmung. Auf dem Synodalen Weg kann derzeit beobachtet werden, wie dieses Recht zur normativen Mehrheitsmeinung geworden ist. Da mag ein Walter Kasper dafür oder dagegen sein: Es ist faktisch so. Und ich kann gut nachvollziehen, dass dies nicht nur faktisch, sondern mit theologischen Gründen so vertreten wird. Dass eine Synode selbstverständlich auch das Gebet sucht, Gottesdienst feiert, scheint mir so selbstverständlich zu sein, dass dies eigentlich keine Erwähnung bräuchte. Dieses Gesetz Gottes darf jedoch nicht in einem Gegensatz zu dem stehen, was mit Gründen als oberste Norm unseres ethischen Selbstverständnisses ausgehandelt wird.

Wie viel Demokratisierung verträgt die Kirche?

Wurden nicht auch beim Zweiten Vatikanischen Konzil die einzelnen Dokumente jeweils am Ende abgestimmt?

Hoping: Das ist richtig, und nicht nur am Ende, auch zwischendurch, und zwar öffentlich. Aber eben nicht am Ende mit einfacher Mehrheit oder Zweidrittelmehrheit, sondern nach dem Prinzip der Einmütigkeit. Die Liturgiekonstitution des Zweiten Vatikanischen Konzils etwa wurde mit 2147 Ja- und 4 Nein-Stimmen von den Bischöfen angenommen, das umstrittene Dekret über die Religionsfreiheit mit 2308 Ja- und 70 Nein-Stimmen. Der sogenannte Synodale Weg ist da ganz anders angelegt. Es handelt sich um eine Art Kirchenparlament, bestehend aus den Mitgliedern der Deutschen Bischofskonferenz, Mitgliedern des Zentralkomitees der deutschen Katholiken sowie weiteren, hinzugewählten beziehungsweise ernannten Personen, wobei die Bischöfe in der Minderheit sind. Die Bischöfe haben sich allerdings selbst marginalisiert, als sie dem Format des Synodalen Weges in meiner Heimatstadt Lingen auf der Frühjahrsvollversammlung im Jahr 2019 ihre Zustimmung gaben. Am Ende müssen aber alle Anliegen in den von Franziskus angestoßenen weltweiten synodalen Prozess und die abschließende Weltbischofssynode eingebracht werden. Dann wird man sehen, dass es weltkirchlich keine Mehrheit für die meisten Vorhaben des Synodalen Weges gibt, geschweige denn Einmütigkeit darüber.

Striet: Da bin ich mir nicht so sicher. Es stimmt ja nicht, dass Fragen, wie sie aktuell in Deutschland debattiert werden, tatsächlich nur hier diskutiert werden. Sicherlich gibt es in Deutschland sehr spezifische Strukturen. Die deutsche Kirche ist aufgrund des Kirchensteuersystems gut ausfinanziert. Aber ist dies per se schlecht? Liberale Demokratien leben von Gewaltenteilung, und möglicherweise leben sie noch entscheidender aus einer anderen Ressource: Bildung. Und die kostet Geld. Ich habe noch nie verstanden, warum das deutsche katholische Kirchensystem dafür kritisiert wird, dass so viel Geld vorhanden ist. Es ist doch prima, dass innerhalb des Systems Kirche Bildung betrieben und diskursive Prozesse organisiert werden können – wie doch auch die konfessionellen Theologien in Deutschland an den staatlichen Universitäten ein Erfolgsmodell sind. Und dass Geld eingesetzt werden kann, um national und international karitativ wirksam zu sein, ist doch ebenso großartig.

Hoping: Reiche Kirchen wie die katholische Kirche in Deutschland sind aber weltkirchlich die seltene Ausnahme, nicht die Regel. Über die immensen Kosten des Synodalen Weges erfährt man übrigens wenig. Neben der finanziellen Situation gibt es in den katholischen Ortskirchen der Welt auch erhebliche kulturelle Unterschiede.

Striet: Das ist kein systematisches Argument.

Hoping: Wenn man die Einheit der katholischen Kirche bewahren will, schon.

Striet: Diese wiederum gibt es nicht, wenn wir die Gemeinsamkeit nicht auf Basisannahmen reduzieren wollen.

Hoping: Sollen wir dann aufhören, im Credo die eine katholische und apostolische Kirche zu bekennen, die – so die Erklärung des Zweiten Vatikanischen Konzils – in der römisch-katholischen Kirche subsistiert? Die Einheit wird sichtbar in der Communio der bischöflich verfassten Ortskirchen, weshalb die katholische Kirche die Kirchen der Orthodoxie als Schwesterkirchen betrachtet, auch wenn diese nicht in voller Einheit mit dem Bischof von Rom stehen.

Striet: Nach Kardinal Walter Kasper geht es nicht einmal nur um eine synchrone Einmütigkeit in Glaubensfragen, sondern auch um eine diachrone. Er fordert also eine Einmütigkeit, gemeint ist apostolische Identität, über die Zeiten hinweg. Eine solche diachrone Apostolizität im Glauben kann ich aber nicht akzeptieren. Nochmals: Wenn Päpste die modernen Menschenrechte verurteilt haben, und das haben sie, kann ich nur feststellen: Dies sind nicht meine Päpste. Ich lebe meinen Glauben nicht in der Tradition dieser Päpste. Das Problem ist auch nicht das Credo, das gemeinsam bekannt wird, sondern wie es ausgelegt wird. Hier bricht der Dissens auf.

Der Synodale Weg: eine Sackgasse?

Im Synodalen Weg befassen sich vier Foren mit Fragen, über die wir unter anderem gesprochen haben: priesterliche Existenz, Sexualmoral, der Zugang zu den Ämtern, eine Gewaltenteilung innerhalb der katholischen Kirche. Was kann aus Ihrer Sicht das Ergebnis des Synodalen Wegs sein, Herr Striet?

Striet: Ich bin kein Synodaler, aber beobachte natürlich schon aus Professionalitätsgründen, was dort passiert. So offen, wie dort nun über das Thema Sexualität diskutiert wird, wäre dies vor noch wenigen Jahren nicht möglich gewesen. Allerdings wird auch erkennbar, wie schroff unterschiedliche Vorstellungen aufeinanderprallen. Während die einen an der Theologie des Leibes von Johannes Paul II. festhalten wollen, fordern die anderen ein radikales Umdenken und eine Öffnung der Kirche in Richtung der Anliegen der LGBTQ-Bewegung. Hier kann nicht mehr verbunden werden, was durch Positionierung getrennt ist. Sichtbar wurde auch, wie verletzend eine Geschlechtertheologie für queere Menschen ist, denen bis heute lehrmäßig vorgehalten wird, dass nicht der heterosexuellen Norm entsprechend praktizierte Sexualität schwere Sünde ist. Wie stark der Dissens ist, lässt sich auch auf den anderen Themenfeldern beobachten. Beim Thema Zugang zu den sakramentalen Ämtern plädieren nun auch Bischöfe für Veränderungen. Bezogen auf das Thema priesterliche Lebensform bin ich mir angesichts der Zahlenentwicklung nicht ganz sicher, ob dies überhaupt noch ein zukunftsrelevantes Thema ist. Zukunftsnah relevant wird vor allem das Thema Gewaltenteilung sein. Wenn es dazu kommen sollte, dass Bischöfe sich freiwillig an die Beschlüsse ihrer Gremien binden, kann man gespannt sein, wie Rom reagiert.

Der Synodale Weg war also auch aus Ihrer Sicht überflüssig?

Striet: Nein. Um der Zukunft der Kirche willen ist es gut, dass die Konfliktlinien transparent geworden sind, wie sie jedenfalls den Katholizismus hierzulande seit Jahrzehnten bestimmen. Es wird auch kein Zurück mehr geben. Niemand der Synodalen, die eine andere Kirche wollen und dies so geäußert haben, wird sich von Rom noch stoppen lassen. Offen zutage getreten ist, dass das bischöfliche Amt in den letzten Jahrzehnten einen massiven Autoritätsverlust erlitten hat. Und das gilt auch für das Amt des Bischofs von Rom. Bischöfe werden sich, wenn sie in Zukunft noch gehört werden wollen, den Spielregeln einer Politik unterwerfen müssen, die sich immer zu begründen hat. Angesichts der globalen Ungleichzeitigkeiten wird die eine katholische Kirche deshalb auch pluraler werden, als sie dies ohnehin schon ist. Von daher gehen wir kirchengeschichtlich betrachtet in eine neue Epoche.

Wo liegt denn das Kernproblem des Synodalen Wegs aus Ihrer Sicht, Herr Hoping?

Hoping: Der Fehler war, dass die Bischöfe nicht den Mut hatten, für die katholische Kirche in Deutschland ein Plenarkonzil einzuberufen. Unter dem Eindruck des Missbrauchsskandals und des damit verbundenen Autoritäts- und Imageverlustes hat man auf Drängen des ZdKs das Format eines Kirchenparlaments gewährt, mit einem paritätisch besetzten Doppelpräsidium aus ZdK-Vertretern und Bischöfen. Zwar ist ein Zweidrittel-Quorum der Bischöfe bei Abstimmungen erforderlich. Aber wie die Abstimmung über den Grundtext zur Sexualmoral zeigt, kann ein Text formell abgelehnt sein, gleichwohl aber mehrheitliche Zustimmung finden, worin nun Bischof Georg Bätzing ein Votum sieht, ihn weiter zu verwenden und die Anliegen des Textes in Rom einzubringen. Nichts anderes war zu erwarten. Zudem wird beim Synodalen Weg der Missbrauchsskandal meiner Meinung nach instrumentalisiert, um durchzusetzen, was für Synodale schon länger auf ihrem Zettel steht: etwa die Frauenordination, womit der Synodale Weg, wie mit den meisten Anliegen, allerdings scheitern wird. Auch wenn der nach zweiter Lesung verabschiedete Grundtext des Forums Frauen in Diensten und Ämtern in der Kirche nicht mehr die Öffnung aller drei Weiheämter für Personen jedweden Geschlechts fordert – wobei nicht allein das biologische Geschlecht gemeint war –, wird die Verbindlichkeit der Entscheidung von Ordinatio Sacerdotalis in Frage gestellt. Neben dem Versuch, die Möglichkeit der Frauenordination mit der Gottebenbildlichkeit des Menschen zu begründen, wird Papst Franziskus gebeten zu überprüfen, wie definitiv das Apostolische Schreiben

Ordinatio Sacerdotalis von Johannes Paul II. ist. Man fragt also an, wie definitiv »definitiv« ist. In diesem Zusammenhang ist bemerkenswert, dass der Synodale Weg sich in einem anderen Text dafür ausspricht, dass das im Taufregister eingetragene Geschlecht auf Antrag nachträglich geändert werden kann, auch wenn es bei der Taufe korrekt eingetragen wurde. Es existiert allerdings eine vertrauliche Note der Glaubenskongregation, inzwischen umbenannt in Dikasterium für die Glaubenslehre, in der eine Änderung des im Taufregister eingetragenen Geschlechts untersagt wird. Die Bischöfe müssten die Note kennen, dennoch haben sie mit großer Mehrheit dem Text ihre Zustimmung gegeben. Was soll man davon halten? Im besten Fall haben sie nicht erkannt, welche Folgen eine Änderung des im Taufregister eingetragenen Geschlechts für das Weiheamt, aber auch das Ehesakrament hätten.

Striet: Helmut Hoping meint, dass der Synodale Weg in eine Sackgasse führt. Das stimmt, aber es stimmt auch nicht. Es stimmt, weil niemand so recht weiß, wie es weitergehen soll, wenn römische Stoppschilder aufgestellt werden sollten. Es stimmt nicht, weil es die beiden vorangegangenen Päpste, Johannes Paul II. und Benedikt XVI., waren, die selbst die katholische Kirche in der Frage der Frauenordination – und nicht nur in dieser Frage – in eine Sackgasse geführt haben. Was als endgültig durch das Lehramt entschieden und deshalb zu halten ausgegeben wurde, scheint selbst einen Teil der Bischöfe nicht mehr zu überzeugen. Die Abstimmungsergebnisse auf der letzten Versammlung des Synodalen Wegs sprechen diesbezüglich eine eindeutige Sprache. Möglicherweise zeichnet sich hier auch noch ein ganz anderer, nicht mehr aufzuhaltender Prozess ab. Die immer stärkere Aufwertung des ordentlichen Lehramtes, die gerade um die Diskussion einer möglichen Frauenordination zu beobachten war, führt nun zu einer Krise des Lehramtes selbst. Der Prozess war schon nach Humanae Vitae zu beobachten, und er überträgt sich jetzt auf andere, angeblich endgültig entschiedene Fragen.

Hoping: Diese Einschätzung der beiden Pontifikate von Johannes Paul II. und Benedikt XVI. dürfte kaum repräsentativ sein für die weltweite scientific community der Theologen und Theologinnen.

Striet: Das ist sie auch nicht. Nur wundert mich dies weder, noch ist dieser Hinweis für mich ein Argument. Mit Blick auf diese beiden Päpste wurden in den letzten Jahrzehnten unterschiedliche Zukunftsvisionen von Kirche ausgehandelt, und dies teils sehr konfrontativ. Der geschichtliche Prozess ist offen, auch der der historischen Bewertung von prominent handelnden Personen.

Wie bewerten Sie denn die beiden Pontifikate, Herr Hoping?

Hoping: Für mich sind die beiden Pontifikate nicht nur hochbedeutsam für die Hermeneutik des Zweiten Vatikanischen Konzils. Zusammen mit dem Pontifikat Pauls VI.

waren es herausragende Pontifikate in der jüngeren Papstgeschichte, auch wenn sie überschattet waren vom Missbrauchsskandal, dem sich Benedikt XVI. nach dem langen Pontifikat seines Vorgängers aber entschieden gestellt hat. Fragen wirft für mich das Pontifikat von Franziskus auf, nicht nur wie er in Einzelfällen im Missbrauchsskandal agiert, sondern auch, weil es in mehreren Punkten ein Pontifikat lehrmäßiger Unklarheit ist.

Striet: Wie kann man, wenn ich dies mit einem leicht süffisanten Unterton nachfragen darf, als Dogmatiker überhaupt einen amtierenden Papst kritisieren?

Hoping: Kritik an einem Papst ist nicht das Privileg liberaler Theologen, auch konservative Theologen dürfen Päpste kritisieren. Spätestens nach der Weltbischofssynode wird sich Papst Franziskus zu einigen strittigen Fragen der Lehre und pastoralen Praxis lehrmäßig klarer positionieren müssen, wie er es bei der Frage der Frauenordination schon mehrfach getan hat. Zuletzt hat er in seinem Nachsynodalen Schreiben Querida Amazonia eine Öffnung der, wie er sagte, heiligen Weihen für Frauen mit dem traditionellen Argument der natürlichen Ähnlichkeit ausgeschlossen. Ausdrücklich heißt es: Jesus Christus zeigt sich als der Bräutigam der Eucharistie feiernden Gemeinschaft in der Gestalt eines Mannes, der ihr vorsteht als Zeichen des einen Priesters.

Striet: Ich bin mir nicht sicher, ob im katholischen Denksystem Papstkritik von welcher Seite auch immer überhaupt vorgesehen ist. Interessanter ist für mich, dass die Theorie faktisch inzwischen von allen Seiten keine Akzeptanz mehr findet. Aber noch einmal zum Thema Frauenordination. Tatsächlich glaube auch ich nicht, dass die weitreichenden Empfehlungen des Synodalen Wegs auf einer Weltbischofssynode erfolgreich sein werden. Nur was passiert dann in Deutschland und in anderen Ländern, in denen es dieselben Forderungen gibt? Meine Prognose lautet, dass wir ähnliche Entwicklungen beobachten werden wie bei anderen Dauerreizthemen. Humanae Vitae ist weitgehend ignoriert worden, ja mehr noch: Die Enzyklika erzeugte Kopfschütteln. Seither ist das römische Lehramt endgültig in eine instabile Position geraten. Das gerade noch eingeschärfte Segnungsverbot von homosexuellen Paaren hat nur dazu geführt, dass an unzähligen Kirchen Regenbogenfahnen gehisst wurden. Interessant wird sein, was passiert, wenn sich die Diskussionen um die Zulassungsvoraussetzungen zum Amt nicht beruhigen sollten. Und sie werden sich nicht beruhigen. Die Argumente sind längst ausgetauscht, und nur weil das Amt Gehorsam einfordert, wird dieser noch lange nicht erbracht. Meine Prognose ist, dass sich Praktiken entwickeln werden, die auch durch kein Kirchenrecht mehr eingedämmt werden können. Ich beobachte das durchaus auch mit Sorge, da eine Rechtskultur nichts per se Schlechtes ist – im Gegenteil. Aber auch die Austrittswelle wird weiter anschwellen.

Hoping: Den allermeisten Austritten geht allerdings eine langjährige Entfremdung von der Kirche, ihrem Glauben und ihren gottesdienstlichen Feiern voraus, wobei der Anlass für einen Kirchenaustritt am Ende sehr verschieden sein kann. Nicht nur für die katholische Kirche ist es ein immenses Problem, wenn es zu einer weiteren Erosion des gelebten Glaubens kommt. Ich schließe nicht aus, dass es nach dem Synodalen Weg, wenn klar wird, dass er nicht erfolgreich sein wird, zu Kirchenaustritten kommt, auch unter praktizierenden Katholiken. Man sollte aber auch nicht den Anteil von Katholiken unterschätzen, die den Synodalen Weg ablehnen.

Franziskus hat immerhin alle Diözesen weltweit dazu aufgefordert, über das Thema Synodalität zu diskutieren, um die Weltbischofssynode vorzubereiten. Was ist von den synodalen Prozessen zu erwarten? Es kommen doch, wie sich gezeigt hat, selbst wenn nur über die Meta-Ebene Synodalität geredet werden soll, am Ende die inhaltlichen Fragen hoch. Werden deshalb nicht auch in anderen Ortskirchen zunehmend intensiv unsere Fragen diskutiert, so dass hier eine weltkirchliche Dynamik ausgelöst wurde?

Hoping: Auf der Weltbischofssynode wird man über verschiedene Themen sprechen, etwa die kirchliche Lehre und Pastoral mit Blick auf die Homosexualität oder die Weihe von Viri probati zu Priestern. Die Weltbischofssynode ist aber kein Entscheidungsgremium, sondern ein Beratungsgremium, das Vorschläge unterbreitet. Nach der Synode wird es wahrscheinlich, wie nach der Synode für Amazonien, ein nachsynodales Schreiben des Papstes geben. Bislang hat Franziskus das Votum für die Weihe von Viri probati zu Priestern noch nicht aufgegriffen, weil er die Zeit dafür noch nicht für reif hielt. Das könnte sich nach der Weltbischofssynode vielleicht ändern. Bei der Frage der Segnung homosexueller Partnerschaften wird es auf der Weltbischofssynode wohl zu heftigen Debatten kommen, auch wenn es dafür keine Mehrheit geben dürfte.

Was folgt auf den Synodalen Weg?

Striet: Wenn die Initiatoren des Synodalen Wegs ehrlich sind, so können sie sich möglicherweise sehr wohl so etwas wie ein verstetigtes Kirchenparlament vorstellen, was aber im Kirchenrecht nicht vorgesehen ist. Der Vorschlag eines Synodalen Rates liegt ja bereits vor. In dessen Logik liegt alle Macht beim Bischofsamt, am Ende beim Bischof von Rom. Vermutlich haben die Prozesse eine Dynamik erreicht, die einige am Anfang gar nicht überschaut haben. Das ist zunächst einmal ein ganz normaler Vorgang. Es wird überlegt, wie es gehen könnte, wer dabei sein könnte und dies auch will, dann müssen Gruppen repräsentiert sein, man ringt um eine Geschäftsordnung – und so ruckelt sich eine solche Institution wie der Synodale Weg zusammen. So laufen Prozesse, wenn es noch keine genormten Spielregeln der gemeinsamen Willensbildung gibt.

Hoping: Der Synodale Weg ist zwar wie ein Kirchenparlament organisiert, aber nicht demokratisch legitimiert.

Denn wer hat seine Mitglieder gewählt? Die Gläubigen der katholischen Kirche nicht. Denn Mitglieder des Synodalen Weges sind die Bischöfe, Vertreter des kirchlichen Rätesystems bis zu Funktionären des ZdK, Vertreter des Verbandskatholizismus und hinzugewählte Personen aus Gesellschaft und Politik.

Es geht doch um mehr Partizipation und nicht um Demokratie ...

Hoping: Es geht nicht nur um mehr Partizipation, gefordert wird die Implementierung demokratischer Strukturen, um die Macht der kirchlichen Hierarchie zu brechen. Übrigens dreht sich vieles beim Synodalen Weg um Macht und Machtstrukturen. Leitend sind dabei, wie die Sprache des Orientierungstextes zeigt, die Macht- und Diskursanalysen von Michel Foucault. Der geforderte Synodale Rat, der den Synodalen Weg gleichsam auf Dauer stellen soll und in dem die Bischöfe wie beim Synodalen Weg keine Mehrheit hätten und gehalten sind, sich in ihren Entscheidungen vor Ort an die Mehrheitsentscheidungen des Rates zu binden, ist ein Beispiel für den Angriff auf die Macht der kirchlichen Hierarchie. Würde der Rat errichtet, käme dies, wie Kardinal Walter Kasper treffend sagt, einer kollektiven Abdankung der deutschen Bischöfe gleich.

Striet: Hier ist tatsächlich ein Prozess zu beobachten. Üblicherweise redet man in der katholischen Kirche nicht so gerne über Macht. Amtsträger üben keine Macht aus, sondern erbringen einen Dienst. Nicht, dass ich missverstanden werde. Selbstverständlich ist es großartig, wenn Menschen uneigennützig einen Dienst erbringen. Der Begriff darf nur nicht reale, toxische Machtverhältnisse verschleiern. Ich halte es für nicht ausgeschlossen, dass wir hier eine Zeitenwende erleben. Es war die freie Presse, die die Dysfunktionalität dieser Selbstbeweihräucherung, Kleriker würden einen Dienst erbringen, zutage gefördert hat. Ohne die freie Presse würden die Missbrauchsakten vermutlich bis heute in den bischöflichen Geheimarchiven lagern, und es gäbe keine Aufarbeitung dieses Skandals.

Hoping: Nur folgen die Forderungen des Synodalen Wegs keineswegs aus der MHG-Studie. Das sagen die Autoren der Studie selbst.

Striet: Dem stimme ich zu, jedenfalls nicht alle Forderungen lassen sich direkt als notwendige Konsequenz aus der MHG-Studie ableiten. Nur verwundert es mich überhaupt nicht, dass alle diese Themen nun auf dem Tableau sind. Die MHG-Studie hat die Schleusen geöffnet, und es werden jetzt die Themen diskutiert, die über Jahrzehnte als nicht zu diskutieren unterdrückt wurden. Die Begründungen für lehramtlich vorgenommene Entscheidungen haben schlicht nicht überzeugt. Deshalb bleibe ich auch bei meiner These, dass Johannes Paul II. und Benedikt XVI. völlig unterschätzt haben, dass man jedenfalls in Ortskirchen innerhalb von Gesellschaften, in denen das freie Argument gilt, mit Entscheidungen nicht durchkommt, die sich letztlich durch die Autorität des Amtes legitimieren müssen. Dasselbe Schicksal wird auch Franziskus mit seiner Billigung eines Verbots von Segnungsfeiern für homosexuelle Menschen ereilen. Auf mögliche neue Formen der Mahlpraxis hatte ich bereits hingewiesen.

Was sind die Konsequenzen?

Hoping: Einzelne werden so weit gehen, ohne einen gültig geweihten Priester Eucharistie zu feiern. Aber nur eine Eucharistiefeier, so ein altkirchliches Prinzip, die im Auftrag des Bischofs gefeiert wird, kann als eine gültige gelten. Deutlicher gesagt: Eine Eucharistie ohne gültig geweihten Priester wäre eine simulatio sacramenti.

Striet: Das werden diese Gruppen nur lächelnd als Argument hinnehmen.

Hoping: Das mag sein, aber das ist nicht entscheidend. Entscheidend ist hier das Urteil der Kirche, wie auch bei dem Versuch eines Bischofs, eine Frau zur Priesterin zu weihen.

Striet: So weit wird es kaum kommen. Aber unterhalb dieser Entscheidungsebene wird sich möglicherweise viel Dynamik entwickeln. Und ich betone nochmals: Ich bin gar nicht so sicher, ob ich das nur gut finde. Als Universitätsprofessor setze ich fast schon naturgemäß auf Professionalisierung. Gleichzeitig gilt aber auch, dass der Gebetsglaube Jesu historisch betrachtet immer eine Kreativität freigesetzt hat, die schließlich auch kirchenamtlich akzeptiert wurde. Nur wie gestaltet sich künftig überhaupt noch aus, was ich gerade kirchenamtlich genannt habe? Gibt es künftig überhaupt noch ein Lehramt, das deshalb, weil es das Lehramt ist, diese Funktion auch ausüben kann? Oder gibt es keine Gefolgschaft mehr, die ein nach seinem Selbstverständnis als Lehramt auftretendes Lehramt noch akzeptieren würde?

Achtes Kapitel: Zur Zukunft des Christentums

Nicht nur mit Blick auf den Synodalen Weg wurde beklagt, dass die theologische Forschung in den Jahrzehnten seit dem Konzil kaum rezipiert worden ist. Ist es nicht dramatisch, dass es kaum gelungen ist, zumindest den Konsens sowohl auf die Ebene der Amtsträger als auch bis in die Breite des Kirchenvolks zu vermitteln?

Hoping: Das hängt aus meiner Sicht damit zusammen, dass schon im Theologiestudium kaum noch aus Büchern studiert wird, erst recht nicht Klassiker der Theologie gelesen werden. Und wer schon im Studium keine theologischen Fachbücher liest, der wird es nach dem Studium auch nicht tun. Die Spreizung zwischen der wissenschaftlichen Theologie und der Pastoral vor Ort wird immer größer. Hier müssten die Verantwortlichen für die Priester, Diakone und Mitarbeiter und Mitarbeiterinnen im pastoralen Dienst mehr an theologischer, wissenschaftlicher Bildung einfordern, und für die Gemeinde bräuchte es wie früher Glaubenskurse. Nur so kann man sich eine fundierte eigene Meinung bilden in den Debatten, mit denen wir heute konfrontiert sind.

Striet: Was die Rezeption theologischer Forschung angeht, bin ich inzwischen sehr ernüchtert. Es werden aktuell Fragen diskutiert, die schon seit Jahrzehnten in der wissenschaftlichen Theologie bearbeitet werden. Möglicherweise sind die Rezeptionswege aber auch viel komplexer. Es gibt auch eine gläubige Praxis in der Kirche, die zwar nicht unmittelbar aus der Lektüre theologischer Forschungsliteratur resultiert und dennoch faktisch auf dieser basiert. Aber klar ist, dass mit einer abnehmenden Sichtbarkeit der Kirche in der Öffentlichkeit auch die Theologie zurückgedrängt wird. Ob sie intellektuell nicht mehr satisfaktionsfähig ist, wage ich zu bezweifeln. Aufschlussreich ist doch, dass das Gespräch mit den Philosophen, die den öffentlichen Diskurs bestimmen, keineswegs abgerissen ist. Was aber kaum noch zu vermitteln ist, ist, dass es immer noch die katholischen Klassiker sind, die verhandelt werden. Wie hat Christiane Florin es bissig auf den Punkt gebracht: Kein Sex, aber davon viel.

Hoping: Mir wird auch zu viel in der Kirche über Sex gesprochen, und zwar auf beiden Seiten der kirchlichen Gräben. Da sich die Kirche in einer sexualisierten Gesellschaft befindet, ist die Dominanz sexueller Themen aber nicht verwunderlich. Theologisch kommt es darauf an, dass Theologie und Kirche nicht einfach den gesellschaftlichen Mainstream reproduzieren – abgesehen davon, dass das ziemlich langweilig wäre.

Striet: Das ist sicherlich richtig. Nur war die Theologie nie mainstream- und auch nicht zeitgeistfrei, auch das Lehramt nicht. Als im 19. Jahrhundert der Antimodernismus von Letzterem zum Markenkern des Katholizismus erhoben wurde, ging man faktisch eine unheilige Allianz mit antiliberalen Strömungen auf dem politischen Feld ein. Solche Allianzen mit dem Antiliberalismus sind bis heute zu beobachten. Meine Befürchtung bezogen auf die Zukunft der Theologie ist, dass sie ihre intellektuelle Anschlussfähigkeit an die institutionalisierten Wissenschaften verliert. Ich beobachte so etwas wie eine habitualisierte Erwartungslosigkeit, wenn es um Theologie geht. Ob dies durchgehend gerechtfertigt ist, darf man fragen. Möglicherweise war dieses Desinteresse in den Sechziger- und Siebzigerjahren hierzulande so noch nicht der Fall. Wer damals seinen Konservatismus aus einem Unbehagen an einer liberalen Moderne speiste, las möglicherweise Romano Guardini, die sich als Progressive verstanden, möglicherweise Hans Küng. Ich selbst habe mich in einer Festschrift für Helmut Hoping als konservativ bezeichnet, weil ich mich auf die in der Bibel zu beobachtende Selbstaufklärungspraxis verpflichtet sehe. Wer ist eigentlich konservativ und wer nicht? Die Unterscheidung von konservativ versus liberal ist wenig ertragreich.

Hoping: Die Begriffe sind tatsächlich schwierig, weil sie zumeist schubladenförmig gebraucht werden – auch wenn die Selbstzuschreibung Magnus Striets als konservativ wohl eher ironisch sein dürfte. Im Übrigen soll es auch konservative Theologen geben, die sich für Reformen einsetzen, aber nicht im Bruch mit der Tradition, sondern in Kontinuität mit derselben. Die Tradition ist lebendig, aber das heißt nicht, dass sie beliebig veränderbar wäre.

Ressourcen für ein zukünftiges Christentum

Was heißt das denn für die Zukunft des Katholizismus in Deutschland? Reicht die kleine Herde, die sich hundertprozentig auf das katholische Dogmengebäude und den Corpus Iuris Canonici der Kirche verpflichten lässt? Ist das nicht ein Problem angesichts des Missionsauftrags und des Universalitätsanspruchs des Christentums, der faktischen Inkulturation des Christentums, wie es sie 2000 Jahre lang immer gegeben hat?

Hoping: Wenn man soziologische Analysen und demographische Extrapolationen berücksichtigt, ist es kaum zu verhindern, dass sich die Zahl der nominellen Christen in Deutschland in den nächsten Jahrzehnten erheblich verringern wird. Experten rechnen damit, dass in weniger als vierzig Jahren nur noch ein Viertel der Bevölkerung einer der christlichen Kirchen angehört. Und davon wird nur ein sehr kleiner Teil praktizieren. Dies hängt mit Säkularisierungs- und Pluralisierungsschüben zusammen. Man wird das nicht mit Kirchenreformen aufhalten können. Auch die Kirchen der Reformation sind von der Entwicklung in erheblicher Weise betroffen. Über mögliche Reformen in der Kirche sollte man daher in der Sache diskutieren und nicht ständig damit argumentieren, dass damit der Mitgliederschwund gestoppt werden könnte.

Striet: Die Frage ist doch: Wer ist dieses Wir? Und vor allem: Wer definiert, wer nach welchen Kriterien dazugehört? Es gibt doch viele Menschen, die sich durchaus als Christen und Christinnen verstehen und zugleich eine große innere Distanz zur institutionalisierten Kirche pflegen, weil sie sich mit der offiziellen Kirche nicht mehr identifizieren können. Wenn hingegen die Kirche die kleine Herde derer sind, die ihren Entschiedenheitskatholizismus vor allem über eine regelmäßige sakramentale Praxis definieren und keine andere Lebensform akzeptieren als die sakramentale Ehe zwischen Mann und Frau, wage ich die Prognose, dass diese Kirche schon aufgrund ihrer quantitativen Größe in der Zukunft kaum noch sichtbar sein wird. Gleichzeitig lösen selbst in großen Teilen einer noch kircheninteressierten Öffentlichkeit bestimmte Debatten schon deshalb Kopfschütteln aus, weil sie überhaupt noch geführt werden.

Wo sind die Ressourcen für ein zukunftsfähiges Christentum, das auch intellektuell bestehen kann?

Hoping: Ohne eine persönliche Christusbeziehung, ohne Gottesdienst, Nachfolge im Leben, Bildung im Glauben sowie ein waches Interesse für Kultur, Kunst und religiöse Suchbewegungen wird es kein zukunftsfähiges Christentum geben. Besser werden muss auch die wissenschaftliche Theologie, die heute nicht selten auf der Basis einer sehr schmalen Kenntnis der Tradition betrieben wird. Es reicht nicht, nur Philosophen zu lesen, die gerade als en vogue gelten, also etwa Michel Foucault oder Judith Butler. Und die Theologie muss der authentischen Glaubensüberlieferung treu bleiben.

Der Glaubensüberlieferung treu bleiben

Striet: Was heißt, der Glaubensüberlieferung treu bleiben?

Hoping: Es setzt zunächst voraus, dass es so etwas wie authentische Glaubensüberlieferung mit der ihr eigenen Verbindlichkeit gibt. Und darüber kann man nicht ohne Kenntnis der Tradition sprechen.

Striet: Dem stimme ich zu. Ich will auch nicht in Abrede stellen, dass es einen Verlust an Traditionswissen gibt. Aber ein solches Wissen allein ist noch keine Theologie, die orientierende oder gar normative Angebote bezogen auf die Gegenwart geben will. Nur wenn sich das in der Geschichte etablierte, darüber zur Tradition gewordene theologische Wissen in den Gegenwartsdiskursen behaupten kann, kann es diesen Anspruch erheben. Das macht die Theologie so kompliziert. Und gleichzeitig muss sie zu elementaren, in die Kirchenpraxis übersetzbaren Aussagen kommen, wenn der christliche Glaube nicht ein Glaube einiger weniger intellektueller Eliten sein soll. Solange die Theologie zumindest auch eine auf kirchliche Glaubensüberlieferungsprozesse bezogene Wissenschaft sein will, muss sie sich einfache, gemeinschaftlich getragene und persönliche Frömmigkeit ermöglichende Sätze zutrauen.

Worum geht es denn im Kern?

Striet: Die Kirche hat dem Juden Jesus treu zu bleiben, der sich auf die Seite derer gestellt hat, die sozial benachteiligt oder gar ausgestoßen werden. Den Gott, der sich im Juden Jesus offenbart hat, muss die Theologie vertreten, wenn sie den Gedanken der Inkarnation ernst nimmt. Sie soll dem Menschen vor allem eine Zuversicht unter sakramentalen Zeichen zusagen, die selbst noch über den Tod hinausreicht.

Hoping: Das ist ein zentraler Punkt, aber damit ist die Glaubensüberlieferung nicht erschöpft.

Striet: Einverstanden. Aber der ethische Impuls, der konstitutiv für die biblischen Glaubenstraditionen gewesen ist – Martin Buber hat hierfür den schönen Begriff des ethischen Monotheismus geprägt –, wurde doch zunehmend zugunsten der Sorge um das eigene Seelenheil vernachlässigt.

Hoping: Ja. Aber es gab immer auch Korrekturen an fragwürdigen Individualsierungen, Spiritualisierungen und Intellektualisierungen, etwa durch die von Franz von Assisi ausgehende Bewegung.

Striet: Tatsächlich, solche Korrekturbewegungen gab es immer. Daraus könnte ich schließen, dass der Primärakzent der Verkündigung doch woanders lag. Wenn aber der jesuanische Widerstand dagegen, dass Menschen aus religiösen Gründen marginalisiert werden, zum normativen Kern von apostolischer Sukzession gehört, verstehe ich nicht, warum darauf nicht auch heute der Akzent gelegt werden muss. Jesus hat deshalb das Ende des Tempelkults markiert. Der vorrangige Gottesdienst besteht in der Zuwendung zu denen, die gesellschaftlich ausgegrenzt werden und keine eigene Kraft zum Leben haben. Schon neutestamentlich gibt es eine deutliche Kritik an der Praxis von Gedächtnismählern, wo man meint, sich an Fragen sozialer Gerechtigkeit desinteressiert zeigen zu dürfen.

Hoping: Der primäre Gottesdienst ist der liturgische, so hat es auch das Zweite Vatikanische Konzil gesehen, wenn es sagt, dass die Liturgie, vornehmlich die Eucharistie, Quelle und Höhepunkt des ganzen kirchlichen Lebens ist. Gelebtes Christsein ohne liturgische Praxis ist für mich nicht vorstellbar. Natürlich muss daraus das Zeugnis in der Welt und der Dienst am Nächsten erwachsen.

Striet: Es besteht doch überhaupt kein Zweifel daran, dass die Eucharistiefeier Quelle und Höhepunkt kirchlichen Lebens ist. Aber die Gefahr der Versündigung an dem Christus, der sich uns unter den Gestalten von Brot und Wein schenkt, darf auch nicht verschwiegen werden. Deshalb lohnt es sich, das Judesein Jesu bewusst zu halten. Seine Tempelkultkritik war eindeutig.

Bei allen Differenzen: Wo sehen Sie jeweils die Gemeinsamkeiten mit Blick auf die Zukunft von Christentum und Kirche?

Hoping: Ich denke wir sind uns einig, dass Christsein in einer weithin säkularen Gesellschaft im Sinne von Hans

Joas eine Option unter mehreren geworden ist. Es ist nicht mehr selbstverständlich zu glauben, so wenig wie die Kirche, ihre Tradition und ihr Gottesdienst noch selbstverständlich sind. Zukunft haben Christentum und Kirche nur durch einen gelebten Glauben und eine persönliche Christusbeziehung. Auch darin dürfte Einigkeit bestehen. Denn Christen stehen in der Nachfolge des menschgewordenen Sohnes Gottes, des Juden Jesus von Nazareth, der zum Heil der Menschen in die Welt kam, für uns starb und von den Toten auferstand. Was mich mit Magnus Striet bei allen sachlichen Differenzen, die weiß Gott nicht gering sind, verbindet, sind die theologische Leidenschaft und die Lust am wissenschaftlichen Diskurs, aber auch das Engagement für eine Kirche der Wahrhaftigkeit, in der nicht mehr Lüge, Heuchelei und Vertuschung dominieren. Unsere Vorstellungen von der zukünftigen Gestalt der Kirche sind freilich sehr verschieden.

Striet: Ja, in der Tat: Uns verbindet die gemeinsame theologische Leidenschaft. Helmut Hoping und ich können uns heftig streiten – aber wir kennen in Freiburg auch Orte, wo es ein abkühlendes Bier oder einen kultivierten Wein gibt. Die Zukunft der katholischen Kirche ist derzeit völlig offen. Und auch die der anderen, etablierten Kirchen. Sicher bin ich mir, dass das Gottvertrauen des Juden Jesus aus Nazareth auch künftig noch Menschen anstecken wird – und auch die Sehnsucht auf eine Rettung über die Todesgrenze hinaus lebendig bleiben wird, wie dies in den Kultursegmenten der Gegenwart zu beobachten ist.